北京启真馆

bibliophile

书 之 爱

古典时期的
图书世界

[荷兰] H.L.皮纳 著　康慨 译

ZHEJIANG UNIVERSITY PRESS

浙江大学出版社

献给斯坦利·昂温爵士

谨致敬谢

致谢

承蒙弗雷迪·弗罗因德先生、路易斯·A.德·平纳先生鼎力相助，牛津阿什莫尔博物馆允供摹印，在下感激不尽，故于本书付梓前深表谢意。

图目

011　阅读中的男青年，格罗塔费拉塔修道院壁画。

029　缪斯与哲学家。帕布利乌斯·佩勒吉利努斯石棺细部。
罗马，托洛尼亚博物馆。

032　奥克西林库斯纸草残卷，是修昔底德《历史》续作《希
腊志》（*Hellenica*）一部分。

035　亚历山大大帝抢救荷马作品。Marcantonio Raimondi 所
作版画。法国国家图书馆（Cabinet des Estampes）

037　瓦罗（Marcus Terentius Varro），摘自 A. Thevet 版画，*Les
vrais portraits et vies des hommes illustres*，Paris，1584 年。

038　图书馆书库里的卷轴书，出自摩泽尔河畔诺伊马根一件
已遗失的罗马浮雕。

044　卡利马库斯。摘录自 P. Giovio, *Elogia virorum litteris
illustrium*, Basel, 1577 年。

047　阳台上读书的少女，庞贝壁画。

050   索福克勒斯。版画，约十九世纪。'*Apud Fulvium Ursin-um in marmore.*'

050   欧里庇德斯。版画，约十九世纪。'*Apud Exc̃.D. Gas-parum de Haro. et Gusman Catholicae Maiestatis.*'

053   亚历山大博物馆想像复原图。选自 Meibonius, *Diogenes Laertius* 扉页插图，Amsterdam，1698 年。

056   庞贝米南德别墅带外廊间的柱廊和书斋视图。

056   剧作家米南德在阅读。庞贝米南德别墅的壁画。

060   静物写生：书写用具和书卷，赫库兰尼姆壁画。

061   阅读中的女性，庞贝壁画。

063   图书馆阅览室。版画摘自 J. von Falke, *Hellas und Rom. Eine Culturgeschichte des classischen Alterthums,* Stuttgart, W. Spemann, ［1880 年］。

066   雕刻有米内克拉特斯儿子普罗塞斯名字的墓碑。发现于希腊阿提卡的麦加拉城（Megara），时间大约于公元前一世纪或公元一世纪。雅典，贝纳基博物馆。

066   带有不寻常文字的葬礼浮雕：上部有一男一女握手，而下面是一件乐器（纳布拉琴），一卷半打开的纸草手卷和一些书写工具。1994 年发现于爱琴海岸的迪奥古城（Dion）。

068   阿提库斯（Herodes Atticus）的头像方碑。发现于科林斯。

070 罗马帝国时期书橱推测复原图。斯塔库斯绘制。

076 小普林尼在他的书斋中，版画。C. Plinius Secundus, *Epistolarum...* 扉页插图，Amsterdam, 1734 年。

077 小普林尼别墅复原图。摘自 J. von Falke, *Hellas und Rom...*

080 提比略。复制于 T. Suetonius, *De vita Caesarum...*

082 卡利古拉。复制于 T. Suetonius, *De vita Caesarum...*

085 在书斋 / 缮写室中的葛琉斯。复制于葛琉斯《阿提卡之夜》(*A. Gellii Noctium Atticarum*) ... 里昂，C. Boutesteyn and J. du Vivie, 1706 年。

090 罗马人夫妇，庞贝。

091 乌尔比亚长方形柱堂（Basilica Ulpia）北墙复原图，描摹自 Julien Guadet（1867 年）素描集，摘自《古罗马废墟》(*Ruins of Ancient Rome*)。

093 连通希腊与罗马繁荣集市的大理石铺地街道复原图，沿其一侧附带潘泰诺斯图书馆 (Library of Pantaenus), W. B. Dinsmoor, Jr. 绘制。

094 马提雅尔时代罗马的书店。斯塔库斯（K. Sp. Staikos）绘制。

099 以弗所塞尔苏斯图书馆被修复正面的照片。

100 哈德良图书馆外柱廊。复制于 E. F. P. H. Breton, *Athènes décrite et dessinée suivie d'un voyage dans le Péloponèse,*

Paris, 1862 年；T. du Moncel, *Athènes Monumentale et Pittoresque*, Paris, 1846 年。

102 书斋中的亚里士多德。摘自 P. Gringore, *Les menus propos*... Paris，1528 年。

104 以弗所塞尔苏斯图书馆，正面推测复原图，W. Wilberg 绘。

105 亚历山大图书馆想像复原图。复制于 H. Goll, *Die Weisen und Gelehrten des Alterthums*, II, Lepzig，1876 年。

107 帕伽马：带雅典娜神庙与图书馆平台遗址的部分视图。摄影：Dora Minaidi。

108 帕伽马图书馆主厅关闭的书柜复原素描，显示有双重可折叠的门和像门廊的精巧边框。W. Hoepfner 绘制。

110 西塞罗在书斋中。版画，约十八世纪。

111 屋大维娅柱廊。Duban 绘制复原图，摘自 V. Duruy, *Histoire des Romains*... p.557。

113 雕刻在大理石上的潘泰诺斯图书馆规章。雅典，阿戈拉博物馆。

115 纸草园图书馆电子复原图。那不勒斯国家考古博物馆。

118 西塞罗在他一间书斋里。版画摘自 M. T. Cicero, *Epistolae*... Amsterdam, Blavius & Henricus Wetstenius, 1684 年。

120 西塞罗图斯库勒姆别墅复原素描图。摘自 V. Duruy, *Histoire des Romains*... vol. III, p. 463。

122 卡拉卡拉浴室。复制于J. von Falke, *Hellas und Rom...*

123 哈德良图书馆正面中心剖面图。复制于J. Stuart与N. Revett, *The Antiquities of Athens*, Vol. II, London, 1789年。

124 哈德良图书馆四瓣形建筑废墟。(摄影：N. Panayotopoulos, 2000 年)

125 位于朱庇特神庙脚下的国家档案馆 (Tabularium) 和其他建筑，描摹自 Constant Moyaux。摘自《古罗马废墟》，pp. 78~79。

126 提布尔哈德良别墅据推测复原的图书馆，在罗马文明博物馆内。

127 台伯河岸边赫拉克勒斯神庙。据信由建筑师 Hermodorus of Salamis 建造，约公元前二世纪中叶。

128~129 屋大维娅柱廊复原图，Félix Duban 绘 (1827 年)。摘自《古罗马废墟》，p. 161。

130 萨加拉苏斯 (Sagalassus) 图书馆北墙，带壁龛与浮雕建筑。

若无书籍，

文明必死，

短命如人生。

——普林尼，《自然史》

第八卷，68/70

阅读中的男青年，格罗塔费拉塔修道院壁画。

目次

015　译者序

027　文字证据与纸草纸发现

031　卷轴与羊皮纸书册

048　希腊的图书业

062　罗马的出版商

092　雅典和罗马的书店

101　古代的图书馆和藏书家

131　参考文献

143　索引

译者序

书是人类最伟大的发明之一，如今到了生死存亡的关键时刻。盖因科技潮流浩浩荡荡，大有从身体旁灭杀书籍，从流程上颠覆出版之势。各类奇淫巧技，层出不穷，时时刻刻，激勃兴致，添塞青壮闲暇，夺占少年时间。读书退为老旧风尚，出版沦为夕阳产业，图书馆门可罗雀，书店倒闭连连，这种种颓象、败象，似将很快成为现实。

我无意过早地为书写下讣告，只是为书业的败坏与阅读的持续衰落感到不安，亦难免掺杂些许的伤感。有人说，书籍必死，而书将永生。我知其意，是说书虽然肉体寂灭，但其魂灵，或书籍所承载的思想与知识，仍将存续不绝。当数字革命大功告成，它不过由纸张而比特（byte），换了寄生的载体，或传播的媒介而已。

但所有这些乐观的判断，皆不能减缓我的不安。因我眼中之书，必为有形的实体，可以抚触，可以开合，甚至那些常见的缺点，如积灰，如朽坏，此时也成了当然的美德。请容许我腆着脸，将好书比作美人，若她无皮无肉，不可触摸，只由亿万比特组成，不会衰老，亦不会死去，那么这眼前的美又与幻象何异！她甚至不再是一个个体。比特美人可以无限复制，一颦一笑皆无分毫差异。既如此，我也便消弭了意义，我不再是我，而沦为观众的一部分。她本质上是不存在的，而我同时亦失去自我。无常与无我的证显，莫此为甚。

说到美人和书，就不能不提卡米耶·弗拉马利翁（Camille Flammarion），法国作家和天文学家。一八八二年，有位年轻的女伯爵，因肺结核晚期，行将就木，死前对医生道出如下一番遗言：

> 我要向您秘密坦白。我一直热烈地爱着卡米耶·弗拉马利翁，现在我要死了，我想让他留我一物，作为纪念。若得知我从未与他相识，交谈，甚或一面都不曾得见，您一定大为吃惊。可是通过读他的书，关注他的工作，我对弗拉马利翁先生的崇拜与日俱增，我已在心底爱上了他。五年来，我没日没夜地爱着他。我想与他相伴终生，所以我恳求您，只要我一死，您就从我双肩剥一大块皮下来，送给他，让他

拿去装订他写的书。我不想透露自己的名字，无论如何，您必须保证，如果他来问您，切切不可说出我的身份。

当年秋，女伯爵死了。医生名叫拉沃，在巴黎颇具声望，此时果然遵从薄命女子的遗愿，在其肩背处开刀，完整剥得一大片人皮，长约四十六公分，宽约三十公分。拉沃医生用油纸和红丝带，将人皮卷合妥当，连同一张字条，亲自送到弗先生家中。

弗拉马利翁死于一九二五年。两年后，弗太太再次确证了此事。亡夫生前告诉她，当初接到这块洁白而柔软的人皮，他极为震惊，从手到心，哆嗦个不停。他立刻去见拉沃，但医生拒绝透露皮主的名字。"我只能告诉您，她是个漂亮至极的青年女子，出身于法国最显赫的家族之一。"他对作家说，"我在切开那美丽的肩膀时，非常害怕，可我对女伯爵作过保证，我必须信守承诺。她过世只几分钟，我便剥得此皮，亲自递到您府上，以确保您会收到。我甚至不会把她这个古怪的要求告诉她家人，而她的身份秘密，也将随我埋入坟墓。"

弗拉马利翁完成了女伯爵的遗愿。他请工匠鞣制人皮，用以装订其著作《天空之大地》（*Terres du ciel*），封面以烫金题字，上书：

敬遵匿名遗愿

覆以女性人皮

一八八二

制作此书并非难事。卡米耶·弗拉马利翁的弟弟埃内斯特就是出版家，早在一八七六年，便创办了弗拉马利翁出版社。该社至今仍为法国第四大出版商，旗下作家中，包括法国近十年来最受瞩目的米歇尔·韦勒贝克。二〇一〇年秋，弗拉马利翁出版的韦勒贝克所著小说《地图与疆土》，不孚众望，赢得了法语文学最重要的年度大奖：龚古尔奖。

美貌女伯爵献皮的旧闻固然惊悚古怪，却未尝不能印证，人类总要借助比自身更长久的物质，去减缓记忆的退化，对抗死亡，抵御无常。起初，先民口传知识和文学，并只能通过记忆保存，至多再有一些简单的辅助手段。然而人命何其脆弱，学习和记忆的过程又何其漫长，而知识代代增长，且日益专精，由涓涓细流汇成滔滔大川，故而急需比人脑更持久、比记忆更可靠的库容。借助先民发明的文字，岩石、陶土、兽骨，以至钟、鼎、爵、竹简和丝帛，皆曾成为信息载体。不过，草木所制成的纸张，终以其更为轻便和更大的容量胜出，是为书的诞生。

过去两千年来，虽不断历经技术进步，但图书业的面貌，从未像今天这样，面临如此之巨的变化。图书业的数字革命，以无纸化为目标。文本脱离纸张，化作无形的比特，保存在存储器中，无论内存，还是硬盘，抑或互联网的云端存储，皆是如此。诡异的是，此时的人类，似乎退回到了以记忆传承知识的先民时代。"记忆体"（存储器）的英文写作"memory"，与"记忆"正是同一个词。早期的记忆体使用打孔纸带，或熔断的金属丝，一如先民的结绳记事；电脑内部的记忆体多是易失性的，断电关机后，必然清空，正像先民部族的智叟一旦死掉，其知识和记忆亦随之尽毁，造成全族人民之精神财富的巨大损失。

在人的记忆体——大脑内，知识（文本）并不是固定的，而是时常有增有减，这就是为什么口传文学作品往往有多个版本的原因所在。因而，口传文学的每个保存者都可能是修订者，甚至成为（再）创作者。今日的电子书也是如此：文字是流动的，脱离了纸基，使分页失去了意义，或者只具有逻辑上的意义。在大多数情况下，以往对书中内容精确到页码的引用，变得不可能了。

同时，文字一旦脱开了束缚的它们物理材质：纸张、胶水、铁钉或线绳，将变得更易于编辑。版本也就因此失去了意义。电子书随时可能诞生新的版本，每一位读者都是潜在的修订者或（再）出版人，只要不在法律禁止的范围，他大可以将其改头换面：重新设计封面，分拆组合章节，甚至改动原著的文字——如果能让罗蜜欧与朱丽叶双双活下来，并且白头偕老的话。为什么不呢？

是的，只要有一台能上网的电脑，人人都可以成为出版商和发行商。我们已知的那种图书业：从写作到出版，从发行到阅读，已经到了最后的阶段。随着白纸与黑字的分离，身份的附着性和作品的确定性必将大大受损。图书的身份，作者的身份，出版人的身份，以至"原版"的意义，或将回到前古腾堡时代，重新变得模糊不清。

柏拉图和孔子都曾对著书写作颇为不屑，而偏爱口述。两位先哲正像如今的 Twitter 作者或 blogger，乐于采用生动灵活的随兴表述，从不在意什么版本和学术规范。这是人类越进步，便越回退的又一个诡异例证。

事实上，有史可考的世界上第一位书商，其本行正是殡匠——制作木乃伊的专家。古埃及有纸草文书随葬的风俗，殡匠便利用业余时间贩书，搞第二职业，赚取外快。三四千年后，如果图书业的死亡终不可免，那也不过是回到了它诞生的地方——坟墓。

无论如何，正像莎士比亚在《李尔王》中所言："当我们能说'这是最不幸的事'的时候，那还不是最不幸的。"但愿纸书能活得更久，至少活过我们这一代。我这样说，并非抱着"在我死后，哪管比特滔天"的心态，而是真心希望纸书能慢慢走过死途，或许在荒瘦的路上，可以觅得一个存活的机会，哪怕成为未来的奢侈品，却也能继续留在我们的生活中。这样的命运，总要好过成为古董，成为死器。

我们经常见到某些书单，冠以"改变了世界历史"之名，所开列者，从《圣经》到《资本论》，从达尔文的《物种起源》到希特勒的《我的奋斗》，不一而足。然而，这种"改变"的作用，更多是以一种出版现象，或阅读时尚的面目出现。一系列的书——而非仅仅是一两本轰动一时的名作——申张思想，引领世风，形成推动历史的合力。如法国大革命前百科全书派的出版实践，又如苏联解体前萨米兹达特（地下出版物）的流传。书固然不能解释一切，但回望近现代的历史，你必会发现，很难在不考察当时图书面貌的情况下，对重大变革的来龙去脉作出完整与合理的判断。作为历史的一部分，图书不仅是佐证，有时其自身甚至就是直接的原因。它既是历史的产物，又是历史的动因。在某一特定的时代，有过哪些作品，其作者是谁，读者是谁，它们在怎样的环境下出版，又被以怎样的方式阅读，对这些问题的考察，今日方兴未艾，皆属图书史学者们孜孜以求的范畴。我们可以看到，相关研究正在日益受到重视，著述渐多。这真是一个既有趣又别致，既意义重大又不断带来新发现的过程。

毫无疑问，图书史是一个跨学科的新地。它既是文化史，也是技术史、观念史、传播史、政治史、社会史、经济史，乃至宗教史，上下四千年，东西五大洲，其广博程度，常令有志之士望而却步，实因以一人之力，纵然毕生，料难尽晓。于是在一九九一年，全球书史学者们创立了"著作、阅读和出版历史协会"（The Society for the History of Authorship, Reading, and Publishing，缩拼"SHARP"，设网站 sharpweb.org），框定图书史研究之学术规范，方便世界各地书史学者互通有无。该协会不仅共享档案和史料，发布学术动态，举办交流活动，更发起学术合作，就不同专题展开研究，成果斐然。

六十多年前，有位博学的尼德兰人，可被归入这一领域的前驱之列。皮纳著《古典时期的图书世界》一九四八年以英文出版于荷兰莱顿（一九五八年又出了第二版），虽短小，却对图书业早期——主要为古代希腊和罗马时代——的发展情况，包括图书的产生、制作、出版、贩售、阅读、流通、收藏等诸方面，作出了相当准确的概述。

关于 H. L. 皮纳博士，我所知不多，只知他生前是世界著名的版权专家，曾主编洋洋五大卷的《世界版权百科全书》（*World Copyright: An Encyclopedia*，A. W. Sijthoff，莱顿，1953—1960）。此书问世后，几乎立刻便被誉为知识产权领域内"一部里程碑式的著作"（a monumental work），穷尽了本领域当时已知的一切信息。随后，他投入另一项巨大的工程，主编世界不公平竞争法律方面的百科全书，期间不幸猝然去世。这套近三千页的大著，日后以《皮纳氏世界不公平竞争法》（*Pinner's World Unfair Competition Law*）之名重出，由此可见他受尊敬的程度。

相较前述两套百科全书，这本《古典时期的图书世界》仅有六十余页。零星资料显示，第二次世界大战期间，德军占领低地国，皮纳的学术事业一度中断。我揣度他在此时不甘寂寞，或以满腹经纶，作些小研究，始成本书。这也可以印证，凡书史学者，必为百科通才。故本书篇幅虽小，却可见大学者的从容，简洁质朴，平易亲切，娓娓道来，且几无虚言，精益有容。他甚至别出心裁，为我们整理出了一份古代希腊化世界的畅销书榜。

观全书，或许只在一处，皮纳有所情动。在讲到罗马帝国的独裁者们钳制言论自由，当众焚书，凌虐作家时，他写道："对富含思想的作品及其创作者，历朝历代的暴君总是充满仇恨，也总有些禽兽，披一件法制外衣，以图掩盖其暴行。"皮纳指出，没有文献表明，在古典民主时期，曾发生过国家侵犯文学自由之事，这种种的恶行，皆系暴君独揽专制大权的帝制时代所生。

西元一九三三年五月十日，希特勒青年团员和深为纳粹思想毒害的大学生，在柏林和多个德国城市的广场上，以破四旧、烧毒草的豪情，公开纵火焚书，马克思、弗洛伊德、布莱希特、雷马克、海明威、卡夫卡、海涅、托马斯·曼、本雅明等人的著作概不能免。

自此，在纳粹德国，作家或被下狱，或被处决，或被逼离，远走他乡。德意志从此只为一个意志、一种思想掌控。六年之后，大战爆发，陷亿万人民于涂炭。海涅早有警告："焚烧书籍之处，人类终将焚灭。"茨威格流亡在外，目睹文明浩劫，万念俱灰，遂携妻于一九四二年服毒自尽。彼时正是纳粹扬威欧洲的极盛时刻。然而不过三年，纳粹覆灭，元首横死，民族几乎在废墟中沦亡。战后之德国，"五·十"渐成"焚书日"，如今每年纪念，以此警世。在这个世界上，没有什么比焚书、禁书、公开羞辱或惩罚作家更令人不安的事了。毁掉一个社会有时易如反掌，只需十年时间，让人民无书可读就够了。如果十年可称为浩劫，我真不敢想像那个再也没有书的未来：当图书业和出版业相继死去，满城再无书店，占据街角的只有饭馆、足疗、药房、网吧和成人保健店，当文化死，精神灭，作家尽去，那么公民社会也将不复存在。

西人常言：吾辈均为希腊罗马之后，身为当代中国的读书人，大抵也算小半个后辈，体内混流着原生的黄血、新添的红血与外来的蓝血。看一看我们现代生活的方方面面，西方之影响既深且广，而后者大多得益于古典时代。西方的哲学、艺术、诗歌、小说、戏剧、天文、数学，总要从古代希腊罗马讲起。民主更非美国人的发明，而是远在古希腊便已有丰富实践。这些经验之所以能够传承至今，我们之所以成为现在的我们，书所起到的作用至为关键。如果没有书，没有制书、贩书的行业，这一切必不可想像。

　　感谢本书的编辑周运兄。他仿佛今日出版界的另类，仍然活在上个世纪八十年代，不仅博闻多览，而且高度敬业，在我的译注之外，又不辞辛劳，另加编注。我们并非患上了加注癖，或怀着歹念，卖一刀注水的肉。这些脚注，意图有三：一是扩展本书的普及面，服务最广大的读者；二是尽量增加一些工具性，提供某些延展阅读的可能；三是希望有所补充，将我们在翻译与编辑之劳作中的小小发现，敬献于亲爱的读者。

　　至于译文，如有错漏，责任全在我一人，亦欢迎读者不吝指正。我的电子邮件地址：kk@gmw.cn。

康慨

二〇一一年春

文字证据与纸草纸发现

就古代图书的生产与发行而论，希腊与罗马作家均不曾有完 9
整记录传诸后世，仅余只言片语，散见于整个古典文学领域。中
世纪早期的教父及后继者们曾在著作中有所评述，可资补遗，但
他们往往随兴而书，令人难解其详，盖因这些知识当时人所共
知，而我们却要苦心孤诣，一探究竟。亚里士多德、柏拉图和色
诺芬不可能猜到，他们的作品会被用于重构当时图书行业的体
系。西塞罗、贺拉斯或马提雅尔亦无此先见之明。[1]

如此一来，我们仅得一幅拼图，由五花八门的残片连缀而
成，却难言完整，不仅轮廓与细节无从判定，残片间的空白也让
人头疼。

若要检视古代图书的建构与样貌，我们便不能局限于相关的
微量文句。关于古书的形貌，不仅存留于大量的艺术作品，如塑 10
像、浮雕、器皿和壁画，亦见于数以千计的原始卷册，不过，它

们或多或少都有损佚。这便是通常所说的纸草纸文献。其中大多数属于希腊文化领域，远较贫乏的文史证据丰富，由此可以得窥希腊时代图书面貌之一斑。

一七五二年，在赫库兰尼姆的皮索内斯别墅，发掘出了一座图书馆。公元七十九年，维苏威火山大爆发，将该馆与庞贝城一同掩埋。发掘过程中，约有一千八百份烤焦的卷轴在此地出土，大部分现存于那不勒斯的国家图书馆，另有少量流入牛津大学博德利图书馆。虽然困难重重，但一部分焦化的卷轴仍被成功展开，并可识读。这些卷册堪称古典图书的典型范例。*

纸草纸以往在埃及时有出土，但最近五十年方见大量涌现。其中有许多图书残卷，在托勒密王朝时代的希腊人，以及罗马帝国时代的希腊化罗马人中，[2] 它们曾颇为流行。这一时期始自公元前三世纪初，延至古典时代的衰落。这些宝物大多现藏于大英博物馆，曾埋在黄沙之下数千年。出土地点显示，它们有些是当年作为垃圾被丢入筐中，再弃于城外的垃圾堆，有些用于包裹尸体，还有些被放入坟内，以合乎古老风俗，将死者与其所爱之书合葬。** 不过，即便是文学作品，这些埃及纸草纸也并非全都是面向公众销售的图书。许多卷册显然是自行抄录。***

缪斯与哲学家。帕布利乌斯·佩勒吉利努斯石棺细部。
罗马，托洛尼亚博物馆。

[1] 亚里士多德、柏拉图和色诺芬为古希腊人，西塞罗、贺拉斯和马提雅尔为古罗马人，皆有文、史、哲作品传世。——译者注，下同

* 在赫库兰尼姆（Herculaneum），考古人员挖出一座别墅图书馆。这是一间仅有三平方公尺的小房间，四壁排满了略高于眼睛视线的木架，书架两侧各自安装着一点八公尺高的独立书柜，整个房间被占掉大部分面积，仅留下可供人走动的空间。房间里，每个书架的纸草卷轴都堆得高高的，总数约有一千八百多份，也正是因为这令人惊异的发现，此一宅邸被取名纸草园。其中一些是拉丁文，其余是希腊文，且大都是费洛狄莫斯（Philodemus）的作品。目前普遍认为这座别墅是恺撒岳父卡尔帕尼乌斯·皮索（L. Calpurnius Piso）所有。（引自《藏书考：图书馆的诞生与沿革》，莱诺·卡森 [Lionel Casson] 著，张曌菲译，新新闻文化，2003 年，第 114—115 页）。今天几乎所有的纸草纸卷轴都存放在纸草园（Officina dei Papiri），作为国家图书馆的一部分。拿破仑把很少一部分带去巴黎（*P. Herc. Paris*，而法国已归还给那不勒斯），其余都到了牛津。有一段卷轴在丹麦哥本哈根（*P. Herc. Haun.*）。（引自《牛津纸草学手册》[*The Oxford Handbook of Papyrology*]，Oxford University Press, 2009, p.314 n5.）——编者注，下同。

[2] 公元前三二三年，马其顿君主亚历山大大帝死后，其将军托勒密成为埃及统治者，史称托勒密一世（救星），定都于亚历山大城。托勒密王朝一直延续到公元前三十年，至克娄巴特拉七世（埃及艳后）自杀、其子托勒密十五世（小恺撒）再为屋大维所杀为止。屋大维回到罗马，于前二十七年获授"奥古斯都"，自此开始罗马帝国时代。托勒密王朝的所有国王均名为托勒密，女王则多叫克娄巴特拉，且常以兄弟姐妹之间通婚来延续王族血脉。

** 奥克西林库斯纸草（Oxychynchus papyri），这是一八九六／七年牛津考古学家格林费尔（B. P. Grenfell）和亨特（A.S.Hunt）在埃及奥克西林库斯（现埃及艾尔巴纳沙 [el-Bahnasa]）遗址发掘出大批古纸草纸文献，时间跨度从公元一世纪到六世纪，包括上万件希腊文、拉丁文文件、书信和文学作品，其中有几件羊皮纸手稿，更多是阿拉伯手抄本。其中包括了品达的诗，还有古希腊女诗人萨福的残篇。也有欧里庇得斯和米南德的剧作，李维一部分失传作品。这批古文献分散收藏于世界各地机构，但主要部分收藏于牛津大学阿什莫尔博物馆。自二十世纪三十年代开始，古文献整理工作一直持续，目前这一工作由牛津大学彼得·帕森斯（Peter Parsons）教授主持，已出版《奥克西林库斯纸草》七十二卷。预计至少会继续出版四十卷。

*** 雅克布森（Adam Bülow-Jacobsen）根据《海德堡埃及希腊纸草文献包括陶片等总目录》（*HGV*）统计，到二〇〇四年四月，已刊出五万四千三百一十二份文献，其中书写材料为纸草纸占总数的百分之六十五，陶片为百分之二十八，木材为百分之五，犊皮为百分之零点六，墙壁等涂写为百分之零点四。其余椴树皮、蜡板、石头、布、毛皮、骨头、金银铜铁就更少了。前面提到的文献指希腊文和拉丁文。而查看科普特语文献，这已到古典晚期了，陶片成为最重要媒介材料，占到了百分之四十七点五，纸草纸次之，占百分之四十点五，石灰岩为百分之十点五，而皮革（毛皮／犊皮）、纸、木材每种则少于百分之一。（引自《牛津纸草学手册》，p. 3—4）

卷轴与羊皮纸书册

古典时代图书所用的材料，乃埃及进口的纸草纸卷。古代的
纸草几乎仅生于埃及——现已在该国完全消失。阿拉伯人在征伐
中首次将其引入西西里岛，如今在锡拉库斯附近，群草依然摇曳
生姿，吸引着游人的目光。

使用纸草纸作为书写材料，实乃埃及人的一项极早期发明，
古典时代加以借取，记录思想和知识成就。对尼罗河地区文化的
类似移用，实在不胜枚举。

老普林尼在其堪称百科全书的《自然史》中，详细记述了由
纸草制成卷轴的过程。*造纸过程繁难，故而纸草纸在古代价格
高昂，远较今日的优质纸张为贵。在埃及的出口贸易中，纸草纸
业相当重要。罗马帝国时期，它似乎一直由国家专营。泰伯图
尼斯纸草纸文献内，有一份收据，证明法律要求的印花已经送
达[1]。史载菲尔穆斯皇帝[2]（公元三世纪）曾夸口，可以用纸草

12

13

奥克西林库斯纸草残卷，是修昔底德《历史》续作
《希腊志》（*Hellenica*）一部分。

纸业的收益供养整支大军。这或许意味着,他已为自己罗致了多处大造纸厂。总之,罗马帝国纸草纸用量巨大,大捆大捆的纸整船运输,并存储于特殊的仓库(horrea chartaria [3])。

尤维纳利斯[4]曾在其第一首讽刺诗中,称纸草纸书短命。的确,只有在沙漠的干燥气候中,草书残片才有可能保存到今天。潮湿气候下,此种纸张寿命有限。古人认为,纸草纸卷若有两百年历史,便已殊为珍稀。不断地拿起放下,卷合展开,加速了这种脆弱材质的朽坏。飞蛾是另一个危险源,如琉善[5]所言,它们喜爱在书中安家。贺拉斯则有谑语:飞蛾不识字,何以食我书。

希腊图书使用卷轴形式,至少可追溯到公元前五世纪初。从这时起,它们便陆续得见于艺术作品,如罗马附近格罗塔费拉塔修道院内精美的希腊风格墓室壁画,便刻画了一个正在读书的少年。

整个古典时期,纸草纸卷始终是希腊文学的载体;及至希腊 14 被征服,罗马人遂于公元前二世纪将其袭用。

罗马帝国的纸草纸多种多样,价格不同,质量也不一样。最好的一种叫"皇纸"(Augusta, Livia, Claudia)。卡图卢斯[6]则认为,"王纸"(Chartae regiae)是 de luxe[7] 的品牌。埃及工厂出产的纸卷,有各种规格和尺寸可用。科学著作偏好较大的幅面,诗歌则喜欢袖珍型。由于容易扯破,所以大卷轴不受青睐。据称,卡利马库斯[8]说过:"大书即大恶".** 根据已发现的原稿尺寸,以及老普林尼给出的数据，卷轴一般长约三十英寸，宽九到十英寸。这样一卷书，大约两英寸厚，可轻易单手握持[9]。

纸草纸两面书写颇为罕见。纸背留作空白，里侧整体均匀分栏，相当于我们的分页，两者甚至有同一名称（pagina）。文字左起，每页接续，上下留白，两侧间空。每栏文字宽约三英寸[10]。至于诗歌，其行宽则视格律而定。好的范本书写非常规范，宛如印刻。文字区的面积近似现代的八开本（octavo），此为通行的标准尺寸。

一部卷轴至多容纳两部《伊利亚特》。长篇作品分成"书册"（books），每部为一卷。正如现代读者希望每册作品都能恰到好处地结尾一样，古代读者亦对每卷结尾寄予同样期望。短篇作品则数部集于一卷。

古代图书的手写字体，由书坊设计，非常优雅。拉丁语图书的词与词之间，多加字空区隔，但希腊语图书无空格。标点符号用的不多，亦不分章节：因此古代作家每有引用，往往只列书名，以现代标准观之，则未免有失严谨。

书写用的是芦管（calamus），以专用的笔刀削尖，切口。墨水以天然颜料制成，浓如中国墨汁，时至今日，仍乌黑而不失光泽。罗马人用红墨水写书名，有时用之于小标题。他们也使用一些专门的工具，如直尺和圆规，以保持行宽和行空均等。在赫库兰尼姆的壁画中，可见一幅静物写生，画的是各种书写工具（芦

亚历山大大大帝抢救荷马作品。Marcantonio Raimondi 所作版画。
法国国家图书馆（Cabinet des Estampes）。

管笔、墨水池等），与书卷并置，此画现藏于那不勒斯的国家博物馆。

16　　　　插图本图书似乎司空见惯。数学著作需配解释性的图表，显然理所应当。欧几里得的两份纸草纸残卷便包含图形。依普林尼所述，希腊人经常使用彩色图画，为药学书籍中所述植物配图。罗马人则用肖像画装饰传记。老普林尼指出，博学多识的瓦罗[11]创意高妙，在其传记大作《群像谱》（*Imagines*，又名 *Hebdomades*）中，收入了七百位杰出人物的画像，从而令这些人"兼得四海咸知与万古流芳"。*** 这一举世独有的作品一经上市——尤其是面向大众的版本——便受到高度关注。在无法借助机器复制的情况下，这样一本富含插图的书怎样才能大量制作，仍然令人百思难解。

　　　　重要的作家们，如维吉尔，会在书中正文前附上自己的画像。

　　　　卷轴上并不总是写有书名。它偶尔出现在开头，但更多时候写在卷末。不过，卷轴外会附一小片羊皮纸卷标，标示书名。大英博物馆内有一份纸草纸残卷，乃琴歌诗人巴克基利得斯[12]的作品，其卷标存留至今，上书"*Bakchylidou Dithyramboi*"[13]。在赫库兰尼姆的壁画上，也可见多个挂有卷标的卷轴。

17　　　　罗马文学常见对卷轴形貌的描述。它上下镶边，并用浮石粉仔细抛光，甚至饰以华彩。卷中插有圆木棍，固定于卷尾，阅读时可轻易展开卷合。在赫库兰尼姆可寻得卷中轴木的形踪，不

瓦罗（Marcus Terentius Varro），摘自A. Thevet版画，
Les vrais portraits et vies des hommes illustres, Paris, 1584年。

SCHEMA VOLUMINUM, IN BIBLIOTHECAM ORDINE OLIM DIGESTORUM,
Noviomagi in loco Castrorum Constantini M. ho:
diedum in lapide reperto excisum.

图书馆书库里的卷轴书，出自摩泽尔河畔诺伊马根
一件已遗失的罗马浮雕。

过，有些作家描述过的其他饰物未曾得见：据说有乌木轴、象牙轴，甚至金轴，装在紫色的皮革护套里。

阅读时，双手都能派上用场。左手持卷首，读完一页，便卷合一页，同时用右手展开新的页面。整本书读完，还得再卷回去，以备重读。那不勒斯博物馆现藏有一幅漂亮的庞贝壁画，描绘一位年轻女子，身穿黄色的希腊式宽袍，绿色的束腰外衣，沉醉于书中，竟然忘记将读过的书页卷合，而任由其垂荡。

同样出自庞贝、现存那不勒斯的另一幅壁画主题，乃一位金发美女，翠衣红袍，立于阳台，双手执书，垂目而读。

到访过梵蒂冈的游客，或会记起喜剧作家波塞迪普斯[14]的塑像，他靠在一把椅子上，右手拿着一卷刚刚读完的书。

书卷通常用于诗人、作家、学者或演说家的塑像，而在许多古典时代的名流们看来，这只是个时髦的新鲜玩意。

直至公元三世纪末的整个古典时期，纸草纸卷轴均得享无上尊荣。此后它被羊皮纸取代。这种以兽皮制成的书写材料，在纸草纸时代也绝非寂寂无名。早在古典时期，它便已为人所知。老普林尼记载，对古董颇有研究的瓦罗认为，羊皮纸发现于帕伽马[15]，实为埃及纸草纸的替代品。据说，公元前二〇五年到前一八二年在位的埃及国王托勒密五世曾禁止纸草纸出口，以此对抗帕伽马国王欧迈尼斯二世，后者在王都内拥有一座图书馆，用以与著名的亚历山大图书馆展开激烈竞争。****虽然很早以前，

18

19

人们就已经知道用羊皮纸做书写材料，但或许正是在帕伽马，它才首次用于制书，尤其是常见的卷轴书。在图书发展史上，羊皮纸卷将只是一个过渡阶段，因为它太重，难以握持。正因如此，才出现了分页形式的书册，并由此演变为现代图书。

公元一世纪下半叶之前，尚未有文献提及羊皮纸书。马提雅尔（公元四〇～一〇四年）对它已有所闻，知其多采用袖珍书形式，以便旅行携带，亦用于印制教材和诗集，简而言之，凡有求于坚韧的羊皮纸胜过脆弱的纸草纸时，它皆有用武之地。很显然，这些册籍并非普通的书，而是每每自命以"犊皮纸精制"（in membranis）。相较纸草纸，羊皮纸更耐久，也更便宜，却殊难在图书业内取得稳固地位。老普林尼曾事无巨细地记录过纸草纸的生产过程，对犊皮纸的制作却不置一辞。他那句美妙的隽语，"若无书籍，文明必死，短命如人生"，所言仅限于纸草纸卷（charta）。举凡古代的图书生产，莫不以这种轻盈秀雅的材料为中心，而对笨重的犊皮纸书，却存有偏见。公元二世纪行医济世的大医学家盖伦[16]即持此论，他认为，以医学观点而言，犊皮纸过于光亮，较之不反光的纸草纸，更易使眼睛疲累。死于公元二二九年的法学家乌尔比安[17]，曾针对一座图书馆的继承纠纷，从法律角度出发，考察过羊皮纸书册到底该不该被视为书的问题。至于纸草纸卷轴，他认为其身份是不言自明的。*****

羊皮纸书的优势最终能赢得青睐，端赖用之于法律著作和档案。这些书册须经得起反复查阅造成的磨损，又得便宜，让各行各业的人都买得起。出于同样原因，早期教会更乐于将书册用于宗教著作。这种形式在基督教典籍中盛极一时，以至于纸草纸的故乡埃及，也用纸草纸而非常用的犊皮，做起了书册。不过，直到公元四世纪，在非基督教图书中，纸草纸卷轴仍然无可争议地执有牛耳。但即便在此地，犊皮书册也在不断摧城拔寨。这种新材料在制造工艺上有了重大进步，公元三世纪时已经达到很高的水准，因而更快地得到了承认，令犊皮书胜出。皇帝马克西米努斯二世[18]研读过的荷马史诗，系以金色墨水抄写于紫色犊皮纸上。这种奢华虽为教会神父们所不齿，却仍然现身于宗教著作。其著名范例之一，即《阿根提抄本》[19]（银字，深紫色犊皮纸），现存于乌普萨拉。

21

　　四世纪时，用犊皮纸全面重抄古典作品的任务开始启动。早至三七二年，便有瓦伦提尼安[20]的一纸谕告，言及在多家图书馆内雇用一众笔匠，以事抄作。

　　珍藏于多家现代大图书馆（罗马城中的梵蒂冈图书馆、佛罗伦萨的劳伦蒂安图书馆、大英博物馆等）的所谓"古稿本"（old manuscripts，又称 palimpsests），并非古典时代的原始手稿，而是中世纪僧侣们为本寺书房誊抄的秘籍。在清静僻远的修道院内，少量古代作品得以幸存于古典世界的毁灭。而真正的古书，我们得以承继者，仅为残章断简，无论种类，抑或价值，皆无法与修道院传下的这些珍宝相提并论。

---

*"纸草纸的制作过程其实并不难。首先把新收割的纸草茎切成细长条状，将这些茎条一根根垂直排列，再在上再铺上另一层水平的纸草茎条，就算粗略完成了整张纸的形状，接着再紧压整张纸面，由于纸草这种植物本身的汁液具有黏着效果，因此，这两层纸草茎经过紧压之后，便会紧紧相黏，而形成一种平滑柔韧、色泽明亮，而且品质良好的书写材质。经过紧压之后的纸张大小不一，其长度多少会受到直立层的纸草茎长度影响，但一般长度多半是三十到四十公分不等，至于宽度则视制造者的喜好而定，可能窄至十一公分，也可能宽至二十四公分，最常见的宽度大约在十六到十八公分左右。然后，将一张张纸重叠大约二十到二十五公厘左右，再沿着重叠处黏贴连便可组成一幅长卷轴，通常会以面粉糊做为黏贴重叠处的黏着剂，而这也是将二十张单张纸串起来的标准做法，完成之后的长条便可卷起来以便处理与保存。各个卷轴的长度差异颇大，必须视其中的纸张宽度与数量而定，一般的长度是三点二到三点六公尺不等，但也有些卷轴长达六公尺甚至更长。通常是以水平摆置的纸草茎层作为书写的那一面，因此卷起卷轴时，是将书写内容的这一面包裹在里面。"（引自《藏书考：图书馆的诞生与沿革》，第43～44页）

老普林尼《自然史》第13卷第74～82节记载：

74. 纸由纸草所造，用针尖将纸草剥离成非常薄且尽可能宽的带状物。一等品取自中间部分，越往边缘，品质越次。一等品以前叫"圣纸"（hieratica），因为只用于宗教书籍，后来出于阿谀奉承，以奥古斯都之名命名，次等品则以他的妻子李维娅之名命名，如此一来，"圣纸"跌入三等。

75. 次等品以前叫"剧场纸"（amphitheatrica），得名于产地。在罗马，法尼乌斯开的精明作坊买进这种纸，再细心加工，提升品质，于是普普通通的纸成了一等品，他还用自己的名字为之命名；没有如此改造的纸，等级不变，仍是"剧场纸"。

76. 再次者叫"赛斯纸"（Saitica），以这种纸产量最多的城市命名，是用廉价废料制成的。"提尼亚纸"（Taeneotica）用更接近茎皮的部分制成，得名于附近一处地方，它不按质而按量出售。"集市"（emporitica）无法用来书写，只能包别的纸和裹商品，故其名字就来自〔希腊文的〕商人。这之后只剩下纸草的茎了，其外壳与灯心草（scirpus）相似甚至无法用来做绳子，除非弄湿了。

77. 所有等级的纸都是用尼罗河水淋湿的木板上制成：浑浊的河水具有黏合力。先正对着的木板，将纵向的纸草条逐一平铺其上，铺得尽可能长，两端切齐。再铺上横向的一层即可。然后用压器压紧，由此形成的纸张在阳光下晒干，再一张一张粘起来，总是按照从优质到最差的降序。一卷从来不超过二十张。

78. 各种纸的宽度大不相同：最好的有十三个指距，"圣纸"少两个，"法尼乌斯纸"有十个指距，"剧场纸"再少一个，"赛斯纸"更少——还没有槌纸的棒槌宽，而狭窄的"集市纸"不到六个指距。此外，受推崇的纸质是优良、坚固、洁白、光滑。

79. 克劳狄乌斯皇帝改变了一等品的排序。"奥古斯都纸"过于单薄，无法用笔书写；不仅如此，由于墨水容易渗透，总让人担心污点从背后泗过来；另外，过于透明看上去也不美观。所以，纵向层用二等品制造，横向层用一等品造。他还把宽度增加到一个足距。

80. 尚有宽达一肘的"大纸"（macrocolum），但经验暴露出其缺点，从上面撕下一条会损坏好几栏。由于这些原因，"克劳狄乌斯"优于其他所有的纸；"奥古斯都纸"用来写信仍然重要；"李维娅纸"等级不变，它与一等品从来不同，而完全是二等品。

81. 纸上毛糙之处用象牙或贝壳磨平，但再在上面写字，字迹容易褪去：打磨后的纸不太吸水、显得更有光泽。如果（在生产过程中）一开始就不小心使用河水，也会妨碍书写；这种瑕疵用棒槌可以发现，或者，如果太不小心的话，闻一闻也能发现。这些斑点用眼睛也能看出，但插在中间的一条，尽管因纸草的黏性而有吸附力，却难以察觉，除非在上面书写：各种商业欺诈何其多！这样一来，需要额外的加工。

82. 普通糨糊是用上好面粉溶于沸水并滴几滴醋而制成的，因为木匠的浆和胶不易粘住。更煞费苦心者则煮沸发酵过的面包屑，再滤水；使用这种糨糊，接缝之间由糨糊引起的增厚能被减到最小，变得比亚麻还柔顺。无论用哪种糨糊，其放置时间不能超过一天，也不能短于一天。然后，用棒槌打平，并用浆糊轻轻洗过，由此形成的褶皱再次用棒槌去除和整平。

（引自《阅读纸草，书写历史》，罗杰·巴格诺尔著，宋立宏、郑阳译，上海三联书店出版社，2007 年，第 155～159 页。另见《牛津纸草学手册》，第 6～7 页。）

[1] 泰伯图尼斯（Tebtunis），古埃及城市，位于今日埃及法尤姆省的泰鲁姆·艾尔－巴拉加特村，此地出土了大量纸草纸文献。另据凯尼恩爵士（Sir Frederic G. Kenyon）在其《古希腊罗马的图书与读者》（*Books and Readers in Ancient Greece and Rome*）中所述："泰伯图尼斯纸草纸文献内，有一份二世纪的文件（No. 308），内含一张二万纸草梗的收据……"（OUP, 1932, p. 46）。"梗"（stem）与"印花"（stamp）音形相近，故译者对皮纳此处表述存疑。

[2] 菲尔穆斯（Firmus，卒于公元二七三年），出身塞琉西亚的埃及富商，在罗马皇帝奥勒良击败帕尔米拉帝国后，于亚历山大鼓动军民举事，终为奥勒良引兵镇压并处死。据吉本所述："他鼓动埃及人起来争取自由，带领大批愤怒群众攻进亚历山大里亚城，在那里穿上紫袍称帝，开始铸造钱币，发布告示，招募军队，到处夸口只要用纸张贸易的盈余，就可维持作战。"（《罗马帝国衰亡史》，第一卷，第 254 页，席代

卡利马库斯。摘录自P.Giovio, *Elogia virorum litteris illustrium*, Basel, 1577年。

岳译，吉林出版集团，2008 年）关于倡乱者菲尔穆斯的唯一文字记载，来自不可尽信的《诸帝传》（*Historia Augusta*），但没有证据表明，菲尔穆斯曾在埃及以自己的名义铸币，因此他很难有可能登基称帝。不过埃及纸草纸文献内，确有对某一未具名皇帝的献词，其中提及一位克劳狄乌斯·菲尔穆斯，似为埃及统治者，唯职衔不明。两个菲尔穆斯是否同一人呢？未必没有可能。参见一九一〇年"人人文库"版《罗马帝国衰亡史》中，斯米顿（Oliphant Smeaton）为伯里（J. B. Bury）脚注所作补注。（亦见于新版"人人文库"《罗马帝国衰亡史》，Wildside，2004，pp. 333）。

[3] 拉丁语：纸库。

[4] 尤维纳利斯（Juvenal，公元五十五或六〇～一二七年或此后），拉丁语写作 Iuvenalis，罗马最有影响的讽刺诗人，遗有讽刺诗五卷十六首。

[5] 琉善（Lucian，公元一二〇～一八〇年后），一译卢西安，罗马帝国时代的希腊讽刺作家。

[6] 卡图卢斯（Catullus，约公元前八十四～约前五十四年），罗马诗人。

[7] 拉丁语：高级，豪华。

[8] 卡利马库斯（Callimachus，约公元前三〇五～约前二四〇年），希腊著名诗人与目录学家。

** 卡利马库斯生于肯勒尼，他大部分时间生活在亚历山大里亚的托勒密二世宫廷。曾任亚历山大图书馆馆长，他作为学者的名声主要在其所著的亚历山大图书馆目《书表》（*Pinakes*）。该书据说有一百二十卷，包括了希腊作家的小传和作品，可以说卡利马库斯"发明"了图书馆目录和目录学。因而帕森斯（Parsons）把他称为"目录学之父"。（参见布鲁姆 [Rudolf Blum]，《卡利马库斯：亚历山大图书馆与目录学起源》[*Kallimachos: The Alexandrian Library and The Origins of Bibliography*]，trans. Hans H. Wellisch, The University of Wisconsin Press, 1991，pp. 244～247）。卡利马库斯《书表》，该书全名是《各科著名学者及其著作目录》，亚历山大图书馆或许是促使这部巨著诞生的原因。学者普遍认为《书表》的编纂是依据图书馆藏书的排架目录扩编而成，而那些排架目录，正是出自卡利马库斯之手。尽管该书没有流传下来，但根据十世纪左右拜占庭辞书《苏伊达斯》记载，可以推断出该书的具体面貌。卡利马库斯将所有希腊作者一一区分，如区分成韵文或散文，再细分成戏剧诗人、史诗诗人、抒情诗人等，每一类别均将作者名按照字母顺序排列，并提供每位作者简短背景资料，包括父名、出生地，有时还有"昵称"，然后依字母顺序罗列该名作者的全部著作。目前留存的一份埃斯库罗斯剧作目录，极可能是卡利马库斯的记载，其中记录了七十三部作品名称，欧里庇得斯剧作目录也是这个数量，而索福克勒斯则超过百部。他以一套书将所有希腊文作品都整理得井井有条，因为在亚历山大图书馆，他几乎能亲炙所有图书，因此有机会替浩瀚的藏书打造一把钥匙。可以说他发明了一个相当重要的参考工具。（引自《藏书考：图书馆的诞生与沿革》，第 63—66 页）

[9] 长约合九米，宽约合二十四厘米，卷轴直径约合五厘米。

[10] 合七．六二厘米。

[11] 瓦罗（Varro，公元前一一六～前二十七年），罗马作家。昆体良曾推崇他为"最博学的罗马人"。

*** 他著作有七十四部，达五百二十卷，包含了所有人类思想领域：农业、语法、历史、罗马古物、地理、法律、修辞、哲学、数学、天文、教育、文学史、戏剧史、讽刺诗、诗歌、演讲及书信。而他传世最著名的作品是《论拉丁语》（*De Lingua Latina*），原有二十五卷，现仅第六到第十卷存世，另有部分残篇。（见约翰·埃德温·桑兹著 张治译，《西方古典学术史》第一卷上册，上海人民出版社，2010 年，第 185～186 页）。

[12] 巴克基利得斯（Bacchylides，活跃于公元前五世纪），希腊琴歌诗人。

[13] 希腊语：《巴克基利得斯的酒神颂歌》。

[14] 波塞迪普斯（Poseidippus，公元前三一六～约前二五〇年），希腊喜剧诗人。

[15] 帕伽马（Pergamon），古代希腊城邦，位于今日土耳其伊兹密尔省的贝尔加马。

**** 老普林尼说："在亚历山大与帕伽马兴建图书馆的国王们陷入激烈的竞争。"

[16] 盖伦（Galen，公元一二九～约二一六年），希腊医学家、作家和哲学家。

[17] 乌尔比安（Ulpian），罗马法学家，一说卒年为公元二二八年，死于下属官员的谋杀。

***** 乌尔比安写道：在书（librorum appellatione）这一词汇下包含了所有的卷轴，不论是纸草纸，犊皮纸还是其他材质。即便是椴树皮或其他树皮制成的，也可以同样说是书。如果它们是卷册形式，不论是犊皮纸、纸草纸、象牙或其他材质或是蜡板，也要承认是书吗？我们同样认可。盖尤斯·卡西乌斯（Gaius Cassius，公元一世纪中叶）写道，当书册被遗赠时，[散页]犊皮纸也算。因此，它随其他人遗嘱意愿而定，除非这违背遗嘱人的意愿。（转引自《牛津纸草学手册》，p.18）

[18] 马克西米努斯二世（Maximinus II，卒于公元三一三年），罗马皇帝，又称马克西米努斯·代亚或小马克西米努斯，以区别于公元二世纪的马克西米努斯·色雷斯（大马克西米努斯）。

[19] 《阿根提抄本》（*Codex Argenteus*），又称《银经》，公元六世纪的手抄本圣经，录有乌尔菲拉主教公元四世纪的圣经哥特语译本，书以金色和银色墨水，所用精薄犊皮纸亦以帝紫色浸染，装裱华美，现藏瑞典乌普萨拉大学图书馆。

[20] 瓦伦提尼安一世（Valentinian I，公元三二一～三七五年），罗马皇帝。

阳台上读书的少女，庞贝壁画。

希腊的图书业

22　　文事愈盛，文人愈众，读者愈广，则作品创作者与其欣赏者之间的联系便愈少。听众被读者取代，自制的卷册也让位给了商业化的复本——书的代名词。书商跻身于作者和大众之间。图书行业源远流长，一如图书自身。

　　起初，书商尽可以越俎代庖，集生产商、出版商和零售商于一身。而只有在作品产量大增、图书买卖高涨的情况下，才会催生出产业分工，即出版商与零售商的分离，前者在古典时代已兼司图书制作，后者则将各家出版商的图书供应给读者。

　　这种分工不曾发现于希腊书业。我们所获与书有关的信息非常不足；但凡有零星碎语打破沉默，这些不同作者的论述也难以
23　让人信服，有时还互相矛盾。

　　希腊图书贸易的发端，可回溯至公元前五世纪，彼时之文学已达到鼎盛时期。在苏格拉底和阿里斯托芬的年代，诗歌、历史，

48

以及其他知识领域的伟大作品，已得到广泛传布。若非图书以商业化的规模生产，则此种传播断无可能。在柏拉图的《申辩篇》中，苏格拉底辩解说，花上一个德拉克马（合四个金便士），哲学家阿那克萨哥拉的作品便到处都能买到。[1] 色诺芬则在其《回忆苏格拉底》中写道，大师及其弟子们时常研讨先贤之"书"（所用确切字眼是"biblion"），并从中摘录。[2]* 图书甚至必已广泛出口海外，远达黑海的希腊殖民地，可资为证者，有色诺芬在《长征记》中，对大量货船搁浅于萨拉米德苏斯的记述。生活在公元前四世纪的喜剧作家阿勒克西斯[3]，写过一部现已失传之作《利诺斯》，根据书志学家雅典纳修斯[4] 的引文，利诺斯对年轻的赫拉克勒斯说：

"你到那儿给自己挑本好书。先把那些书名过过目，看看有没有兴趣读。有俄耳甫斯、赫西俄德、科里洛斯[5]、荷马、埃庇卡摩斯。还有戏剧，有你想要的一切。选择什么，将说明你的兴趣所在，品味如何。"

赫拉克勒斯："我要这一本。"

利诺斯："我看看那是什么。"

赫拉克勒斯："一本烹饪书，书名就是这样写的。"

阿里斯托芬在其《蛙》中，数次语带轻蔑地谈到书，仿佛它们只是因为耸动市井，才人人趋之若鹜。他挪揄道："这段日子，为了这所谓的教育，所有人都读起书来了。"**

24

索福克勒斯。版画，约十九世纪。
'Apud Fulvium Ursinum in marmore.'

欧里庇德斯。版画，约十九世纪。
'Apud Exč.D. Gasparum de Haro.
et Gusman Catholicae Maiestatis.'

哈利卡纳苏斯的狄奥尼修斯[6]曾引述亚里士多德，言及著名雄辩家们的演说词，在雅典的销量可达数百。他所说的正是流行读物。彼时之雅典，当已成为远近闻名的图书市场，在希腊文化达至高峰时，此情此景，想在情理之中。

像柏拉图那样声名显赫的作家，其态度可反映出当时出版业的地位如何低下。在《斐多篇》中，他谈及写作的价值时不无轻蔑，却对更富表现力、更生动鲜活的口述给予无条件的偏爱。他只肯将手稿借给少数弟子和友人抄录，故抄本稀见于坊间，常被其持有者高价出租。

对自用抄本的需求一旦出现，誊写匠人便应运而生，其行当就是抄书。遇有需求巨大的作品，胆大心细的誊写匠便会备下存货。如果能拿出足够的本钱，他们还会为其工坊雇用若干熟练抄工。一种真正的出版服务就此起步，哪怕它尚嫌原始，亦颇多受限。 25

希腊作家与其出版商之间的关系，尚不为人所知。对作者稿酬如何支付，今人全无线索，有无版权保护，也找不出蛛丝马迹。即便在那些最伟大的作家们中间，抄袭现象也屡见不鲜，足见作者对自己的作品并无专属权利。在阿里斯托芬的《蛙》中，埃斯库罗斯和欧里庇得斯互相指责对方东抄西借。*** 而说到阿里斯托芬的《骑士》和《云》，他本人也曾受到指摘，说他大肆剽窃克拉提诺斯和欧波利斯[7]。据葛琉斯[8]讲，提蒙[9]曾用讽刺诗抨击柏拉图，指后者花了一万迪纳里厄斯（约合一百八十金英镑）的高价，买下了毕达哥拉斯信徒菲洛劳斯 [10] 的几部手稿，从中"东拼西凑"出了自己的全部学说。关于这个故事，第欧根尼·拉尔修 [11] 还有一个类似的版本：柏拉图耗资四十个亚历山大银米纳（约合七百五十金英镑），从已故菲洛劳斯的遗产中，买下了后者所写的三卷书，以此拼凑成了自己的《蒂迈欧篇》。****史载其他名作家也有类似行为，所以切不可视之为传说，而一笑置之。

26　　作品的复制与发行，不会给其作者带来经济收益。他们全凭一腔热血——或许还有政治动机，才起意出版。

　　约在公元前三〇〇年，亚历山大城建起了闻名遐迩的图书馆，带动了希腊图书产量的巨大增长。该馆及其附属学院吸引了众多学子，由希腊化世界的各个地区来到亚历山大，使之成为希腊知识与文化的新中心。此种氛围，加上馆中藏书精良，取阅便捷，终使此城跃居希腊图书贸易的重镇。图书产业繁荣兴旺的一切迹象，均可得见，既有经典作品、诗文选集、格言汇编、作品摘录的普及版本，亦有无甚价值、品种齐全的消闲读物。生产和销售涨幅巨大，已具卖方市场的典型特征，且常以牺牲品质为代价。斯特拉波 [12] 曾提及有些图书遍布谬误，一无是处，充斥于亚历山大和罗马的市场。在纸草纸残卷中，人们既能发现品相出众、勘校仔细的名著抄本，亦可找到书写拙劣之作，以及不可尽信的皇历，内含出自戏剧、对女性或毁或誉的警句格言（bons

亚历山大博物馆想像复原图。选自 Meibonius，
Diogenes Laertius 扉页插图，Amsterdam，1698 年。

mots)。

　　为求对希腊书业的发达程度有正确认识，我们必须记住，即便是希腊文学的名著，也仅有一小部分得以幸存，比起那些流传至今的作品，失传的数量要多出许多倍。***** 顺便说一下，其实正如雅典纳修斯所述，希腊人的烹饪书、美食书、钓鱼书和养马书五花八门，极为丰富。

　　什么样的书才受大众喜爱呢？从一定程度上来说，纸草纸文献中的文学部分，便反映出了当时的品味。虽然纸草纸发端于埃及乡镇，但在地中海的希腊化各地——大的文化中心之外，其文化和思想水平似乎并无显著不同。

　　查尔斯·亨利·奥德法泽曾以纸草纸残卷为素材，研究埃及的希腊—罗马文明（《希腊化——罗马时期埃及的希腊语文本》，麦迪逊，一九二三年，威斯康星大学出版社）。他对纸草纸文本作了全面考察，唯课本不在其列（第八十页及其后诸页）。

　　沙漠中出土的荷马作品似乎源源不绝。几乎历次发现，都不会错失《伊利亚特》或《奥德赛》的残片。到一九三三年，已有三百一十五份《伊利亚特》的残卷，《奥德赛》残卷也有八十份。荷马作品当属全体希腊人共有的精神财富，无论何地，只要有希腊人生活，便有荷马流布。《伊利亚特》残卷占全部出土文献的近半数，其装帧往往精美不凡。《奥德赛》残卷位居《伊利亚特》之后，唯数量远远不及。荷马之后居最高位者，乃狄摩西

27

28

尼[13]——自由的倡导者，但这自由已经失去；时值罗马占领埃及，狄摩西尼的读者格外众多。另一方面，在公元前，约有三百年时间，欧里庇得斯始终位居最受欢迎作家之列，此时渐渐乏人问津。米南德[14]和柏拉图则继续受到历代大众的喜爱。排在他们之后的，依次有修昔底德、色诺芬、伊索克拉底、赫西俄德、品达、索福克勒斯、希罗多德、阿里斯托芬、萨福、忒奥克里托斯[15]和巴克基利得斯。亚里士多德几遭埋没，才华盖世的埃斯库罗斯则片纸无存。

这份排行榜证明，古典旧作虽有所衰颓，仍在当时受到偏爱，当代文学反而大大地不招人待见。从中也可以看出，彼时教育水平已相对发达，图书发行之广亦令人惊讶，凡此种种，皆昭示出图书业已获致巨大的覆盖面和影响力。

至于赫库兰尼姆出土的一千八百卷书，尚无法就其大众品味得出结论。那些已成功识读的书卷，看来是一座哲学图书馆的部分藏品，全然倾向享乐主义的著作，当为其拥有者的个人偏好使然。

很不幸，公开焚书并非现代暴行的产物。公元前四一一年， 29
哲学家毕达哥拉斯的著作便遭到查封，于雅典当众焚毁，因为其内容令当时的掌权者不快。公差们甚至对藏书者抄家，将私誊图书也一并罚没。

庞贝米南德别墅带外廊间的
柱廊和书斋视图。

剧作家米南德在阅读。
庞贝米南德别墅的壁画。

[1] 苏格拉底说："你以为你在控告阿那克萨哥拉吗？亲爱的梅雷多！你藐视审判官们，认为他们无知到不明白格拉左枚奈人阿那克萨哥拉的书里充满着这类话！青年们难道是从我这里学到这些说法的？这路货色，他们随时可以最多花一块钱在剧场里买到……"（《柏拉图对话集》，王太庆译，商务印书馆，2004，《苏格拉底的申辩篇》，26D，第37页）

[2] 苏格拉底说："安提丰，正如别人所欢喜的是一匹好马，一条狗或一只鸟一样，在更大的程度上我所欢喜的乃是有价值的朋友；而且，如果我知道什么好的事情，我就传授给他们，并把他们介绍给我所认为会使他们在德行方面有所增长的任何其他教师。贤明的古人在他们所著的书中遗留下来的宝贵的遗产，我也和他们共同研讨探索，如果我们从古人的书中发现什么好的东西，我们就把它摘录出来，我们把能够这样彼此帮助看为是极大的收获。"（《回忆苏格拉底》，色诺芬著，吴永泉译，商务印书馆，1984，第一卷，第六章，第14页、第37页）

* 桑兹说："在雅典时代，其民尚不能读到这许多的书，因为他们靠的是耳学，在剧场里，在法庭前，在阿卡德米学园的林中，在吕克昂学园的小道上，这些构成了他们全部的教育。"（见《西方古典学术史》第一卷上册，第101—102页）

[3] 阿勒克西斯（Alexis，约公元前三七五～约前二七五年），希腊喜剧诗人，"中期喜剧"的代表。多产，据说写有剧本二百四十五部，皆失传，仅留散碎诗句，共约一千行。

[4] 雅典纳修斯（Athenaeus，活跃于公元二〇〇年前后），罗马帝国时代的希腊文法学家。

[5] 科里洛斯（Choerilus），原文为"Choemilus"，应为误拼。狄林杰（David Diringer）在所著《前印刷时代的图书》(The Book Before Printing: Ancient, Medieval and Oriental, Dover, 1982, pp. 238) 中引用了同一段文字，拼写为"Khoerilus"。公元前四世纪之前，至少有两位科里洛斯，即悲剧诗人雅典的科里洛斯，以及叙事诗人萨摩斯的科里洛斯。

** 阿里斯托芬还特别嘲笑欧里庇得斯，这个朗读者和藏书家。柏拉图自己在《斐德罗篇》里宣称写作并不是服务于知识交流，而只是知识记忆的辅助手段。而亚里士多德在柏拉图学园时有个诨号 anagnostes（朗读者）。为了理解这个笑话，必须记住古代人出声读书，而所谓修养良好的绅士自有奴隶大声读书给他们听，有人（可能是柏拉图？）把大声读书的亚里士多德这样比，当然他自己有一个 anagnostes 为他读书了。而在亚里士多德有生之年，自己朗读成为所有学者的习惯，很大程度上归功于他的典范作用。而在他年轻时，在这一改变前稍前短一段时间里，亚里士多德被同时代人嘲笑，因为他学园的同人是听众而不是读者的缘故。（参见布鲁姆《卡利马库斯》，第70页注47）

[6] 哈利卡纳苏斯的狄奥尼修斯（Dionysius of Halicarnassos，通常写作"Dionysius of Halicarnassus"，活跃于公元前二十年前后），希腊历史学家。

*** 阿里斯托芬嘲笑欧里庇得斯是那种"从书中挤出［剧作］的人"。在《蛙》中，他还安排狄奥尼索斯（Dionysus）——也就是希腊神话中的戏剧之神——为埃斯库罗

斯与欧里庇得斯举行比赛，以决定谁才是较优秀的戏剧作家，在一场决定重量的竞赛中，狄奥尼索斯还将两人的作品"称斤论两"，看看谁的作品"比较重"，结果埃斯库罗斯大吼，他的作品绝对比欧里庇得斯的还重，"即便连同他的小孩、太太一起称重，还有他手上所有的书。"（引自《藏书考》，第 39—40 页）

[7] 克拉提诺斯（Cratinus，卒于公元前四二〇年），欧波利斯（Eupolis，活跃于公元前五世纪），与阿里斯托芬同为旧喜剧时代之三杰。现在看来，喜剧诗人们经常互责剽窃。克拉提诺斯曾说阿里斯托芬剽窃欧波利斯，欧波利斯也声称阿里斯托芬的《骑士》剽窃了其作品。于是在《云》的修订版中，阿里斯托芬借歌队长之口，指责此前在剧赛中战胜了自己的克拉提诺斯和欧波利斯："欧波利斯演出了《急色儿》，首先在那里面攻击他（许珀玻罗斯）。那家伙改编了我的《骑士》，改的很坏，在里面添进了一个醉酒的老太婆，跳那种下流的舞蹈。"（《云》，五四四～五六二行，罗念生译，见《罗念生全集》第四卷《阿里斯托芬喜剧六种》，上海人民出版社，2007 年，第 178 页）。阿里斯托芬还嘲笑克拉提诺斯廉颇老矣："但如今你们看见他老糊涂了，他的琴栓掉了、琴弦断了、琴身裂了，你们一点也不可怜他。他老了，就像孔那斯那样漂泊着，他的花冠凋谢了，他就要枯萎而死。"（《骑士》，五〇六～五四六行，罗念生译，同上，第 117 页）另外，"阿里斯托芬在谈到老一辈的对手马格涅斯、克剌忒斯和克剌提诺斯时，总是一副屈尊俯就的神气，谈到别人时，更有一种不屑一顾的口气。他指责他们剽窃成风，虚弱无能，蠢不可教，俗不可耐。他们则反过来嘲笑他的秃顶……"（《古希腊喜剧艺术》，凯瑟琳·勒维著，傅正明译，北京大学出版社，1988 年，第 122 页）

[8] 葛琉斯（Gellius，活跃于公元二世纪），拉丁作家和文法学家。

[9] 提蒙（Timon，此为菲里奥斯的提蒙，约公元前三二〇～前二三〇年），希腊怀疑主义哲学家和作家。

[10] 菲洛劳斯（Philolaus，活跃于公元前四七五年左右），毕达哥拉斯学派的哲学家。

[11] 第欧根尼·拉尔修（Diogenes Laërtius，活跃于公元三世纪），罗马帝国时代的希腊作家，著有《著名哲人言行录》，多含轶事。

****据葛琉斯记载：柏拉图花一万迪纳里厄斯（罗马帝国金币，值二十五个小银币）买下毕达哥拉斯派菲洛劳斯三卷书。这笔款项据有些作家记载，是他朋友叙拉古的狄翁给的。（编者罗尔费（[John C. Rolfe]）注：这是很高的价格。马提雅尔的《箴言诗》第一卷，七百行，装帧豪华，只值五迪纳里厄斯，而廉价版本只卖六到十个塞斯特斯［古罗马货币，初为银，后为铜，四塞斯特斯＝一迪纳里厄斯］，见 Martial, i, 117, 15ff.）据说亚里士多德，在哲人斯珀西波斯（Speusippus）死后花三阿提卡塔兰特（价值我们当前的七万两千塞斯特斯）买了很少几卷著作。（引自《阿提卡之夜》 III, XVII, 1—6 ［*The Attic Night of Aulus Gellius*］, with an English Translation by John C. Rolfe, William Heinemann, Vol. I, p. 299）

[12] 斯特拉波（Strabo，公元前六十四或六十三～公元二十三年？），希腊地理学家和历史学家。

*****据学者盖尔斯廷格尔（Gerstinger, 1948）统计，在纸草纸发现前，古希腊有两千余位作者，但仅有一百三十六位有完整作品存世（占总数的百分之六点八），仅存残卷的有一百二十七位（占总数的百分之六点三）。主要书目文献来源自中世纪辞书《苏伊达斯》（公元十世纪）。(转引自布鲁姆《卡利马库斯》，第13页注34)

[13] 狄摩西尼（Demosthenes，公元前三八四~前三二二年），希腊最伟大的演说家，雅典民主自由的捍卫者。终其一生，他不断呼吁市民牢记历史，提醒他们曾经多么热爱自由，又是多么憎恨专制的君主。

[14] 米南德（Menander，约公元前三四二~约前二九二年），希腊新喜剧时代最重要的诗人之一。

[15] 忒奥克里托斯（Theocritus，约公元前三○○~前二六○年），希腊诗人，牧歌创始人。

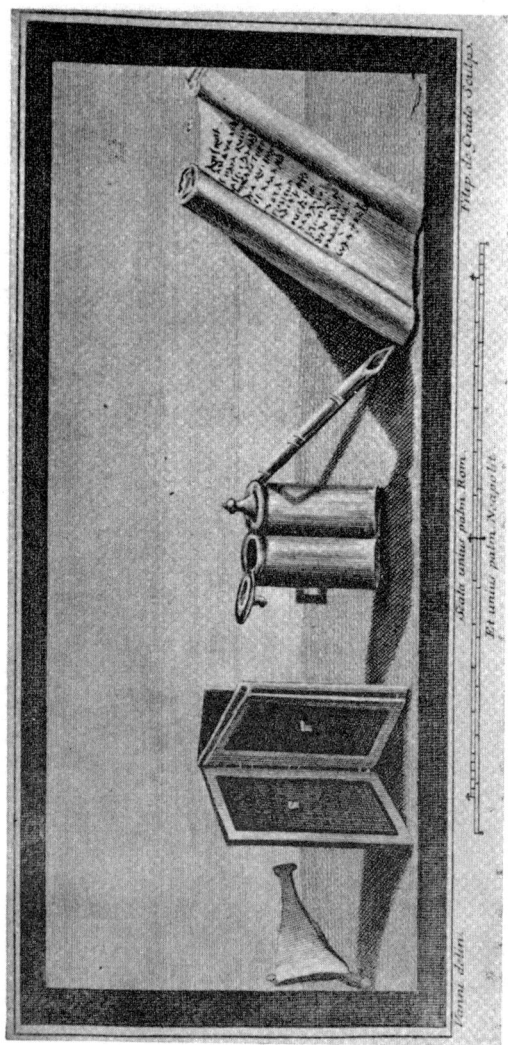

静物写生：书写用具和书卷，赫库兰尼姆壁画。

阅读中的女性，庞贝壁画。

罗马的出版商

30　　征服希腊之后，罗马便仿佛灵魔附体，拜倒在希腊文化的影响之下。[1]数量巨大的希腊图书流入罗马，起初是战利品，未几，希腊书商也来到罗马。他们集出版商和零售商于一身。

　　这些出版行很快便显出有组织生产的迹象。为求大批量进行作品复制，出版商们募集了一支经过特殊训练的员工队伍。奴隶也被役使，专务此工，从已知的名字来看，他们多为希腊人。工人难求，且代价不菲。若集齐整组抄工，所费资本相当可观。贺拉斯谈及购奴行家应为"粗通希腊语"的奴隶花多少钱时，颇显精明[2]。依塞涅卡所述，一个"识字的奴隶"（servus literatus），通常市价为十万塞斯特斯（约合一千金英镑）。奴隶们接受的书法教育，甚至始自幼年。而工薪通常很低，在早期几个皇帝治下，还要更为31低廉。此后，工薪水平才得以提高。戴克里先皇帝[3]曾颁布法令，将一百行上品抄作的最高工价，调至二十五迪纳里厄斯（约合五

图书馆阅览室。版画摘自 J. von Falke,
Hellas und Rom. Eine Culturgeschichte des classischen Alterthums, Stuttgart, W.
Spemann, ［1880 年］。

个半金便士），次级工价为二十迪纳里厄斯。据说，女奴隶们也是老练、灵巧的抄工，一如今天的妇女们做起排字工来同样出色。

商业化再生产的运行方式，需众多抄工同时工作。尚难确定的是，究竟是口授内容——这很有可能，还是抄工们均分原稿。一个有序运营的出版行，可在几天之内，便将一本新书的数百册抄本投入市场。

尽管批量生产，且薪支低廉，但成本仍然居高不下。首要原因在于，对熟练抄工的必要投入，导致资金支出巨大。出版商强调工作速度，分秒必争，多快好省，也就不足为奇。然而一味赶工，往往造成抄工笔下出现种种粗疏之误。作者们怨声载道——读者同样叫苦连天，对抄工愚蠢笔误的指摘从未停息。西塞罗对此七窍生烟，竟怒责以"满纸荒唐言"。若某册拉丁文图书错误连篇，那么想必其抄工乃希腊人氏，对这门外语一知半解。西塞罗曾对其弟 [4] 抱怨："我已经不知道该去哪儿找拉丁文图书了，市面上的抄本太马虎了。"*

敬业的出版商会雇请特殊读者校阅，以求核定笔误。一些附带勘误的纸草纸残卷幸存至今。作者也格外注重其作品的精校抄本。西塞罗曾禁止其出版商和友人阿提库斯 [5] 发行其《论至善与至恶》的未校对抄本。阿提库斯非常大度，他甚至给西塞罗提供额外校订，因为后者在最后关头发现了自己的一处笔误。对给赞助人或特殊友人的赠阅本，西塞罗会亲自审校。

然而不只是作者，买书人也对版本是否精确锱铢必较。购买古本或珍本时，他们会请专家（文法学家）鉴定。由于抄工有时会因粗心或偷懒，遗漏部分文句，所以要对照标准抄本，核正行数，并在送鉴图书中标示。此类行号可见于赫库兰尼姆的纸草纸卷。行数亦作为基准，用以计算抄工的薪金和零售价格。

关于每版图书的发行数字，现存少许不甚明确的线索。小普林尼有一次提到，某一版本的发行数为一千。不过，此书似乎只是作为礼品，分赠友人与熟识，或许相当于我们今天所说的私印本。另有一信，可提供更多信息，在信中，西塞罗要求其出版商阿提库斯，在抄本完成后，再作若干修正。但即便此信，亦未提供确切数字。需校改的作品，乃为利伽里乌 [6] 所作的著名的辩护词，由阿提库斯出版。在这篇演说中，西塞罗犯了个尴尬的错误，误提了某人。当有人提醒他注意此误后，他便请阿提库斯在所有抄本中，将此人名字删除。信中还特别提及，此事应交由抄工法纳西斯、安泰乌斯和萨尔维乌斯完成。[7] 如果要特别指定三位抄工，来承担如此轻微的改动，那么该版本的产量一定很大。

33

许多作家笔下，都有对成功作品的记述，它们不仅在罗马本城售卖，亦远销至罗马帝国各个行省，这同样表明了它们的丰产。

提及瓦罗那部伟大的画传时，普林尼说，它已行销于世界最边远的角落。贺拉斯也自豪地表示，在博斯普鲁斯海峡两岸，在高卢、西班牙、非洲，以及庞大帝国的其他地区，到处都有人传

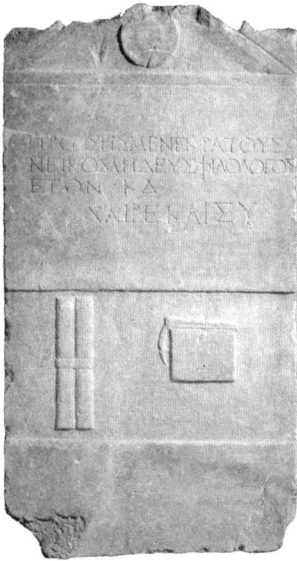

雕刻有米内克拉特斯儿子普罗塞斯
名字的墓碑。发现于希腊阿提卡的
麦加拉城（Megara），时间大约于
公元前一世纪或公元一世纪。雅
典，贝纳基博物馆。

带有不寻常文字的葬礼浮雕：上部
有一男一女握手，而下面是一件乐
器（纳布拉琴），一卷半打开的纸
草手卷和一些书写工具。1994年发
现于爱琴海岸的迪奥古城（Dion）。

诵他的诗歌。他预言，《诗艺》将成为世界畅销书："这样一本书，将跨过重重海洋。"[8]普罗佩提乌斯[9]自夸道，即便在北方的寒邦冷国，他也已大名鼎鼎。奥维德则在遭流放期间自我安慰："我写的东西，从东方到西方，通达全世界"，或又曰："我是世界上读者最多的作家。"[10]后来的马提雅尔也说过同样的自命隽语，还有一句："我的书在罗马人手一卷。"另外，他还说："在美丽的维埃纳城（多菲内）[11]，我的读者包括青年男士和老翁——甚至还有女士们。"**公共图书馆数量众多，即使在小镇上亦可得见，它们和藏品广博的藏书家们一起，购入了大量图书。需求如此强烈，发行量若小，恐怕难以满足。

对所有卖掉的书，以及所有送掉的赠阅本，均留有精确纪录。至少阿提库斯曾在自家铺子里如此行事。

可见，图书业的发展已相当可观。但尽管如此，仍然无法断言，出版商们会像今天一样，提前确定某一版次的发行数量。首先，对无名作者，他们只能推出数量有限的抄本，以评判该书效果。自帝制时代起，朗诵会已成惯例，多在公共场所举行，可做大众兴趣之指南。贺拉斯曾取笑说，诗人们在澡堂子（thermae）里为众浴客吟诵自己诗作的习惯，实令洗澡的人坐立不安。佩特罗尼乌斯所著《萨蒂利孔》[12]，乃一部关于浪游和粗俗行为之无与伦比的小说，书中有个夸夸其谈的蹩脚诗人欧默尔普斯，竟到公共画廊里，高声朗诵自己的诗作。群众表达反对意见的方式

34

35

阿提库斯（Herodes Atticus）的头像方碑。
发现于科林斯。

是：乱石将他打跑。

很显然，有时出版商们不会一开始就推出整部作品，而只是一部分，以观后效，此后再将其余部分付诸出版。

第一位青史留名的出版商堪称人杰。此人便是阿提库斯，西塞罗的朋友。身为富有的豪门显贵，他集高尚的文化底蕴和敏锐的商业才华于一身。他以庞大规模经营图书，大量雇佣奴隶或自由人，亲自指导其工作。科内利乌斯·内波斯[13]曾为阿提库斯作传，说他拥有的奴隶中间，不乏受过高等教育之人，以及许许多多的抄工。他不仅出版西塞罗的作品，也为其他作家出书。他还兼做书商，既零卖，也集为文库，整体出售。他出版过瓦罗所著的画传，其制作过程，不仅需要宽房阔室，以利书写，亦须备置其他工具，用于数百幅画作的商业化复制。他的生意网延展广阔，可助西塞罗在雅典和希腊其他城市，发行关于就任执政官经历的专著。[14]除阿提库斯外，必也有其他出版商在罗马开展业务，如西塞罗便曾向他提议，要他独揽自己全部演说的出版，因为阿提库斯已在《为利伽里乌辩护》的销售上取得了辉煌成功。对于西塞罗是否有收入分成，是否从此书销售中得利，却无一字可供佐证。***

在奥古斯都时代[15]，经由旗下最伟大的作家贺拉斯，索修斯兄弟也流芳百世。[16]

公元一世纪下半叶，首屈一指的出版商非特里丰莫属。马提雅

36

罗马帝国时期书橱推测复原图。斯塔库斯绘制。

尔乃世界级畅销作家，特里丰或许出版了他的大部分作品。昆体良 [17] 的《雄辩术》[18] 亦由他出版。在此书前言中，昆体良自命为得力作者："有你日复一日的驱策，我终于着手准备，将我论雄辩术的作品付诸出版。"出版商应成为作家的顾问和帮手，古罗马如此，今日亦然。在这封代作前言的信文最后，昆体良将作品交到了"他的"特里丰手中。

这样的信文表明，在作者与其出版商之间，已存有基于互信的真正理解。

纵览整个古典文献，亦未发现作者对出版商有一字不敬，甚至那些本在其他场合尖酸刻薄的讽刺作家、讽刺诗人们，也是如此。所以，对其事务得到的打理，作者们必已心满意足。这却无法阻止他们偶尔面露诡异微笑，指出出版商拿他们作品做的生意何其出色。贺拉斯述及可大获成功的作品时，便语带讥讽地作了一番比对："这样的书才能使索修斯兄弟（他的出版商）赚钱，作者赚名。"马提雅尔总是入不敷出，不免对出版商用其作品赚钱心怀恼恨，故在其《铭辞集》中对此耿耿于怀："纯良读者肯花四个塞斯特斯，买一卷我全部《礼辞》[19] 的大合集。说实话，四块钱实在太贵。两块钱足矣。即便如此，我的出版人也能美美地捞一大笔。"如果所言不虚——确也无人质疑，那么出版商所得利润，必定超过百分之百。现代出版人回望过去，恐怕要徒然悲叹生不逢时啊！

37

71

前文所述马提雅尔之《礼辞》，编为其《铭辞集》第十三卷，包括一百二十七题，二百七十四句，共计约四百行，售价四塞斯特斯，亦即十一个金便士，如此换算，还未将古代货币更高的购买力考虑在内。据马提雅尔所述，其《铭辞集》的第一卷，售价为五迪纳里厄斯（四先令三便士），至少精良版本如此。依诗人之见，这可一点都不便宜。以现代标准而论，简直就是天价。此书包括一百一十九首警句诗，共计约八百行。五迪纳里厄斯放到今天，买下马提雅尔全部十四卷诗集的精装本，还绰绰有余。而若要考虑到这些钱在马提雅尔时代的购买力（约两先令六便士），那么《礼辞》的售价换算为现代货币，将达十二先令六便士。行业利润如此之巨，能吸引对文学实无兴趣之人，也便不足为奇。这也可以解释，为何生活在公元二世纪的琉善，谈到某些书商时会满口不屑。他说这些人粗鄙如蛮夷，认为他们对所出图书的内容一无所知。可即便是琉善，也对两位出版商不吝美誉，特地提及其大名：卡利努斯的精美做工，和阿提库斯的细致核校，为全世界孜孜以求。

正当出版商们积聚早期财富之时，罗马的作家们一如其希腊同行，仍不得不满足于尤维纳利斯所说的"虚名"。古代作者从未能在出版商的帮助下，以其作品获取酬金，而这在今天，已实为定例。

罗马的法律涵盖了生活中一切细枝末节，唯独不闻版权保护。无论如何，在法律著作中，实际上在所有古典作品内，皆未发现与此有关的蛛丝马迹。尽管古代作家们一而再、再而三地抱怨作品被盗取，署名遭滥用，却终不见他们提及是否有过、或怎样进行过自我保护。这种疏漏，以及法学家们的沉默，只有一种 解释，那便是对此类损害知识产权的行为，法律无所作为。

西塞罗曾致信阿提库斯："你是否要违背我的意愿，来出版我的作品？即便赫尔墨多鲁斯，亦不曾如此行事。"（此人乃柏拉图的弟子，曾拿老师的著作大发横财，在古典时代声名狼藉。）西塞罗没有说："如果你违背作者意愿，出版我的作品，便将触犯版权法，"他只是以道德理由，诉求于友人。对西塞罗这样的律师而言，要想摆出法律依据，本该易如反掌。

马提雅尔抱怨，其作品遭到各种人盗用，而他的名字众所周知，亦被用作招牌，推销一文不值的仿作。他将剽窃比作抢劫——却不曾威胁采取法律行动。当今所用的剽窃（plagiarism）一词，始作俑者正是马提雅尔。罗马法律中的 plagiarius 意指抢劫者、绑架者（见 *Dig.* 48, 15；*Cod.* 9, 20）。在《铭辞集》第一卷第五十三篇中，马提雅尔将文贼称作"plagiarius"。这一比喻，已为所有开化民族的语言所接受。

昆体良可与当今许多教授同病相怜。学生们抄录其讲稿，再背着他，将讲稿出版。他自觉被逼无奈，非得自出一版不可，而 他原本无意如此。他在前言中写道："这些年轻人对我熟视无睹，径自为之"——对违法与否，他却不置一辞。

面对剽窃者和书商，盖伦也曾有过此种不快经历。在无数医药论著之外，他还发表过数篇文章，述及这些人的不齿行径。作为原则，对病患的诊查结果，他曾长期不予发表。别人便抄录他的笔记，公之于众，部分署以假名。他没有选择，只能自己出版可信的版本，以免谬种流传。

圣希罗尼穆斯[20]在一封信中抱怨："不管写了什么，只要一写出来，朋友和敌人都会急匆匆拿去发表。"

对此类知识盗用所引爆的无力反抗，这只是少数几例。值得注意的是，没有一个作者怨及法律保护的缺失。

尽管如此，或许仍然有人认为，作者们得到过某种承诺，借此可以从出版商对其作品的销售中，分得部分利润。可情况实非如此。

为利伽里乌的辩护演讲大卖特卖，令西塞罗大喜过望。但若认为他有意谋财，则有失公允。西塞罗对此只字未提。在他与阿提库斯卷帙浩繁的通信中，亦从未流露此意。信中虽然经常讨论财务事宜，却找不出假定他有意分利的最细微证据。相反，对某本作品出版所需的开销，他实际上还曾自掏腰包。

大多数作家属于社会顶层，身为世袭贵族或金融贵族。罗马权贵们笔下，通常只有与其公务相关的论题。对于苏拉、卢库卢斯、萨卢斯特、恺撒这类人，或是马可·奥勒留这样的皇帝作

41

家[21]，有数百万人供其驱遣，他们还会打稿酬的主意吗？然而，即便是通常出身不太富有之阶层的诗人们，也无法依赖出版商支付的报酬为生。贺拉斯所渴望的，并非预付稿酬或版税，而是赞助人，后来他找到了梅塞纳斯[22]。维吉尔之所以能养家立业，也得感谢梅塞纳斯。共和国时代[23]，诗人们得享权贵厚爱。曾经有位蹩脚诗人，在作品中极尽阿谀，爱挖苦人的苏拉便给了他一笔酬金，条件是，他从此再也不写任何东西。

诗人斯塔提乌斯[24]的《忒拜战纪》在公共朗诵会上大获追捧，却未能给他带来分毫。他不得不靠为哑剧写剧本谋生。马提雅尔虽然作品畅销全世界，却终其一生要向富家朋友们乞求财援，并不断抱怨赞助人苛刻。他享有文坛至高荣誉凡三十四年，而后离开罗马，返回故乡西班牙时，还得朋友普林尼提供盘缠。他心灰意冷，表示对书是否成功毫不在意："我能从中得到什么？我终无进项。"这就是他为什么要寻找富有的赞助人，为什么要卑躬屈膝，对偶尔会施以援手的皇帝谄媚阿谀："我只要有个地方，能稍卧歇息，除此之外，再无所求。"

42

马提雅尔、尤维纳利斯和普林尼意见相同，均以为"写诗可得声名，而别无所获"。塔西佗连这一点也不肯苟同："写诗之举，既无名，又无利。诗人们寄望于获得声名，视之为劳碌所得的唯一回报，殊不知这点诗名，尚且无法与演说家们得到的名望比肩。"

小普林尼在他的书斋中，版画。C. Plinius Secundus, *Epistolarum...*
扉页插图，Amsterdam, 1734 年。

小普林尼别墅复原图。摘自 J. von Falke, *Hellas und Rom...*

原始手稿会被卖个干干净净，购买者可自由处置，这一点罗马人众所周知，此前的希腊人也不陌生。此类卖稿有两起记载。据苏埃托尼乌斯[25]所述，博学多识的庞庇里乌斯·安德罗尼库斯[26]被迫以一万六千塞斯特斯（一百六十金英镑），卖掉了自己的一部手稿，以筹得现金。小普林尼则说，有人曾出价四十万塞斯特斯（四千金英镑），买他祖父鸿篇巨制的摘录合集。[27]这两位买家，皆非出版商。

屡有所闻，说作家们把自己的作品卖给别人，目的明确，就是要用买家的名字出版。马提雅尔极力嘲讽过加卢斯和卢佩库斯，两位名声可疑的诗人，因为他们参与了这种令人反胃的交易。

尽管出版商果真拿走了所出图书的全部利润，他往往也得承担生产的风险。西塞罗曾劝慰阿提库斯，因后者有一部分《前柏拉图学园》[28]砸在了手里，从而导致亏损。

由于出版商只能承担一定数量的抄本生产，无力再多，因而作家们使用多个出版商，将其作品推向市场，也便似无不妥。马提雅尔曾提及，除特里丰外，其出版商还有塞昆都斯和阿特莱克图斯，后两人同时为他出同一本书：《铭辞集》。不过，不同出版商所出的版本，装帧或许也不尽相同。明确规定塞昆都斯售卖羊皮纸袖珍版，而阿特莱克图斯发行常规的纸草纸卷轴。

与今天一样，在古代罗马，图书往往是宴饮日里受人喜爱的贺礼，既有经典名著的廉价版，又如今人所言，有所费不菲的

"豪华"版。马提雅尔留给我们一份短短的书单,上面就是这类图书,他在上面题写献辞。想必您会认为,他挑的都是最流行的作品,没错儿,那些作者的大名足以确证。

荷马排在首位,罗马人同样以他为最爱。其次是维吉尔。他们两人的作品,构成了学校讲授的基础读物。不过,贺拉斯虽也属课堂上必教的著名作家,却根本不曾见于马提雅尔的书单。罗马共和国的烈士西塞罗[29]、历史学家李维,以及《变形记》的作者、优雅的奥维德却位列其中。对那些要求更高的读者,马提雅尔推荐米南德的喜剧《泰伊斯》、普罗佩提乌斯、萨卢斯特、提布卢斯[30]和卡图卢斯作为礼品。他提到的唯一一个当代作家是卢坎,《法尔萨利亚》的作者。[31]在附题的献词中,马提雅尔说,许多学校不认可这位诗人,书商们的看法却完全不同,因为他的作品销量巨大。大众口味和文学价值之间的分野,久已有之矣。

遇有当红作家,也有出版商们利字当头,甚至不惜假冒。他们拿来无名之辈的作品,标上名家的大名——此类仿冒品中,有一部分至今仍在堂而皇之地大行其道,文献学者独具慧眼,屡有识破。

没有记载表明,在民主时期发生过国家侵犯文学自由之事,及至帝制时代,暴君们独揽专制大权,若以为作家和出版商此时谋生更为不易,便实在过于轻描淡写了。

TI. CAESAR. DIVI. AVG. F. AVG. IMP.

TIBERIUS

Romæ natus XVI Kalend. Decemb. anno
ab U.C. 711, in villa Lucullana deceffit
XVII Kalend. Apriles anno ab U.C.789,
ætatis 78, imperavit ann. 22, menf.7.d.7.

提比略。复制于 T. Suetonius, *De vita Caesarum...*

奥古斯都虽与一众诗人交友，亦曾赞助，却开恶行之先河。他曾抄没图书两千种，当众焚毁，即便置之于现代，岂非恶例乎！他的继承者提比略 [32] 也曾表露文学爱好，对异议作家及其出版商们，却连人命都要褫夺。苏埃托尼乌斯记述如下：

> 一个诗人被指控在一出悲剧中诽谤阿加门农，一位历史学家被指控在著作中称布鲁图和卡西乌斯为最后的罗马人，这些作家立即被处死，他们的作品被焚毁，尽管几年前这些作品在奥古斯都面前还被准许公开朗诵。[33]

作为编年史家，塔西佗更为可信，他确证了此事，并评论说，提比略认为那出悲剧中有些诗章，直接非议了他本人和他的母亲。****

图密善 [34] 更为疯狂，他捕风捉影，以此为凭，对图书、作家和出版商大动雷霆之怒。他"奉元老院之命"，下令将惹他不快的图书当众焚毁，将其作者拷打至死，把出版商和抄工钉上十字架。***** 人们会看到，对富含思想的作品及其创作者，历朝历代的暴君总是充满仇恨，也总有些禽兽，披一件法制外衣，以图掩盖其暴行。

塔西佗在叙述这些恐怖时，有两句话穿插其中，以此昭告，任何形式的警察审查，均将成为全然的徒劳："淡漠使人忘却，

C. CAESAR. DIVI. AVG. PRON. AVG.

CALIGULA

Antii natus, pridie Kalend. Septemb.
anno ab U.C. 764, Romæ occifus eft
IX Kalend. Februar. anno ab U.C. 793,
ætatis 29, imperavit ann. 3 menf. 10. d. 8.

卡利古拉。复制于 T. Suetonius, *De vita Caesarum...*

82

悲苦使人醒悟"；另一句是："如若事涉危险，人们便会努力寻读禁书；如若毫发无伤，禁书也会遭人遗忘。"[35]

---

[1] 贺拉斯有名言："被征服的希腊征服了她野蛮的征服者，将艺术引入粗俗的拉丁姆。"（Graecia capta ferum victorem cepit et artis intulit agresti Latio. 语出《信札》II, i., 156, 引自 *Horace: Satires, Epistles and Ars Poetica*, Loeb Classical Library, 1929, pp. 408-409）

[2] 见贺拉斯致弗洛鲁斯的信："试想有人要卖给你一个奴隶，此奴生在提布尔或加伊，那人对他如此夸耀：'他从头到脚，漂亮又白净，只花八千，现金，他就永远属于你；他是家养的，对主人唯命是从；他略通希腊语，还肯照你的意思，学习任何技艺。他就像团黏土，随你把他捏成什么样。喔，他还会唱曲儿呢（虽然没受过训练，可拿到酒席上助兴也不赖）。商家若想甩货，过度自夸，一连串的保证，反倒会叫你拿不定主意。我不缺钱：我的字号就是我的钱。别的商人不会跟你说这个。也不是任何人都能这么容易和我成交！……'照我看来，此人什么惩罚都不怕，一心要卖个好价钱。你知道买的东西有缺陷，人家也把法律讲给你听了，那你还会去告这个人，为了一场根本打不赢的官司，去跟他耗时间吗？"（语出《信札》，II, ii., 康慨译自 *The Poetry of Criticism: Horace, Epistles II and Ars Poetica*, by Ross Kilpatrick, Alberta, 1990, pp. 66）

[3] 戴克里先（Diocletian，公元二四五～三一六年），罗马皇帝，二八四至三○五年在位。

[4] 马库斯·图利乌斯·西塞罗只有一个兄弟，即小他四岁的弟弟昆图斯·图利乌斯·西塞罗（公元前一○六～前四十三年）。昆图斯是个勇敢但暴躁而残忍的军官，远不如他的大政治家和大演说家哥哥那样有名。

[5] 阿提库斯（Atticus，公元前一○九～前三十二年），罗马骑士，伊壁鸠鲁信徒和文艺赞助者，与西塞罗过从甚密。原名提图斯·庞波尼乌斯，因贪爱希腊文学，改名阿提库斯，意思是阿提卡人。雅典及周边地区历来可称阿提卡。

* 拉丁语原文：

de Libris Latinis quo me vertam nescio: ita mendose et scribuntur et veneunt. 瓦罗同样抱怨泰伦斯的当时版本。据葛琉斯（Aulus Gellius）说维吉尔的文本在哈德良时代已经败坏不堪读了。维吉尔的《农事诗》（*Georgics*），据尤利乌斯·希吉努斯（Julius

Hyginus）在《诗注》中说，他得到一份来自维吉尔家中的手稿，其中写作 et ora tristia temptantum sensus torguebit amaror，而不是通行本里的 sensu torquebit amaro。（引自葛琉斯《阿提卡之夜》，I, XXI, 1~3；第一册，第 95 页）

[6] 昆图斯·利伽里乌（Quintus Ligarius），阿非利加行省总督康西狄乌的副手，同情庞培分子，于公元前四十六年被恺撒俘房，得西塞罗于罗马市政广场，在恺撒面前公开为之辩护。辩护是成功的，利伽里乌得到赦免，并获准返回罗马，后参与布鲁图斯等人行刺恺撒的密谋。西塞罗的辩护词即《为利伽里乌辩护》（*Pro Ligario*）。

[7] 西塞罗相关信文如下："T. 利伽里乌托布鲁图斯带信给我，说我在演说中提及 L. 科菲迪乌斯（Corfidius）是个错误……所以请让法纳西斯、安泰乌斯和萨尔维乌斯从所有抄本中删去此名。"（康慨译自 *Letters to Atticus*, Vol. III, Loeb Classical Library, 1918, Books XIII, 44, p. 197）

[8]《诗艺》本为无题的诗体长信，数十年后才被昆体良授以此名。贺拉斯此话见于《诗艺》第 345 行，另有汉译曰："这样的作品才能使索修斯兄弟赚钱，才能使作者扬名海外，留芳千古。"（杨周翰译，见《诗学·诗艺》，人民文学出版社，1962 年，第 155 页）索氏兄弟乃贺拉斯的出版商（下文还会提及），所以把这句话当成诗人自诩，似亦不为过。

[9] 普罗佩提乌斯（Propertius，生于公元前五十五~前四十三年间，卒于公元前十六年后不久），罗马最伟大的哀歌诗人。

[10] 贺拉斯、普罗佩提乌斯和奥维德都是同一时代人，亦互有交往。

[11] 维埃纳（Vienne），法国西南部城市，属于历史上的多菲内（Dauphiné）地区，公元前一二一年被恺撒征服，维埃纳随即成为罗马的殖民地和高卢最重要的城市之一。

** 葛琉斯（Aulus Gellius，古罗马作家，作品有《阿提卡之夜》[*Noctes Atticae*]）和朋友一起从阿吉纳（Aegina）航行到皮拉乌斯（Piraeus），他们仰望头顶繁星并开始梦想书读。他们还讨论 septentriones 词源问题。仰望星空，讨论知识，这真是一群热爱读书与学问的古人。（引自 Erik Gunderson 编 *Nox philologiae: Aulus Gellius and the Fantasy of the Roman Library*, The University of Wisconsin Press, 2009, p. 154）

查《阿提卡之夜》（II, XXI）；原文是这样的：我们几个希腊人和罗马人，都从事同样的研究，坐同一条船从阿吉纳渡海到皮拉乌斯去。海波平静，时值夏夜。夜空明亮洁净。我们都坐在船尾，望着闪闪发亮的星星。因而同伴中有熟悉希腊语知识的人讨论起学问和如此聪明的问题：什么是 άμαξα（北斗七星）？什么是牧夫座，哪是大熊座，哪是小熊座，为什么它们这样叫。在夜深过程中星座按什么方向移动，为什么荷马说只有这个星座不会移动，以事实而言，其他星星也不会移动啊。

因此我转头对伙伴说："为什么你们野蛮人不告诉我希腊人叫 άμαξα（北斗七星），而我们给它起名 Septentriones 的缘由。现在因为我们看到七星，这并不是理由充分的回答，而我想详尽获知我们叫 Septentriones 这个词的全部意义。"（II, XXI, 1—11，引自 *The Attic Nights of Aulus Gellius*, Vol.I, pp. 178~181）

在书斋／缮写室中的葛琉斯。复制于葛琉斯《阿提卡之夜》(*A. Gellii Noctium Atticarum*) ... 里昂，C. Boutesteyn and J. du Vivie, 1706 年。

[12] 佩特罗尼乌斯（Petronius，卒于公元六十六年），罗马作家，以流浪汉喜剧小说《萨蒂利孔》（*Satyricon*）闻名。

[13] 科内利乌斯·内波斯（Cornelius Nepos，约公元前一〇〇~约前二十五年），罗马历史学家，西塞罗和卡图卢斯的朋友，著有《名人传》（*De viris illustribus*）。

[14] 西塞罗于公元前六十三年战胜竞争对手喀提林，当选为罗马执政官，此后断然粉碎了喀提林的行刺企图和政变阴谋，因此被卡图卢斯奉为"国父"。此乃西塞罗政治生涯的巅峰。

[15] 奥古斯都时代，约为公元前四十三年到公元十八年，乃拉丁文学史上最辉煌的时期之一，与此前的西塞罗时代（约公元前七十~前四十三年）一起，构成了所谓的"黄金时代"。彼时罗马国泰民安，诗歌大盛，维吉尔出版了《农事诗》，《埃涅阿斯纪》亦告完成；贺拉斯则有《歌集》前三卷和《书札》首卷问世。其他名家，如普罗佩提乌斯、提布卢斯、李维和奥维德，皆立业于此时。

*** 有一回西塞罗想写一部地理学书籍，因而于公元前五十九年写信给好友阿提库斯："非常感激你将塞拉皮恩（Serapion）书的副本寄给我。不过请别声张，我几乎一个字都看不懂。我已告知将支付这笔书款，如此一来，这部书在你的账上就不需列在'赠礼'这条名目底下了。"他稍后又写道："我所构想的地理学著作，真是件大工程。我原先打算用来作为依据的埃拉托西尼，却受到塞拉皮恩与希帕库斯（Hipparchus）的强烈抨击。"八个月后，即公元前五十九年七月，阿提库斯又寄一部自己的藏书给西塞罗，那是以弗索的亚历山大的地理学作品，西塞罗留了一份副本，因为终于有部看得懂的地理学书了："我已收到那部书。……他的才能实在无法称之为诗人，而且又所知无几；但他还是有些用处，现我已命人誊写，之后便会归还。"这个计划之后便无下文，想必西塞罗已放弃。当时，最佳的买书地点在海外，像雅典、罗德岛、亚历山大城或其他主要希腊文化中心，因为那些地方早在许久以前便已开始从事书籍买卖。事实上，西塞罗最早的藏书之一便是来自希腊。当时阿提库斯正好居于雅典，于是他便代西塞罗搜罗一些书籍，并为西塞罗代垫书款。显然这批藏书的数量必定相当庞大，因为这已超出西塞罗的支付能力，而必须请阿提库斯多宽限一些时日，并向他保证正为此设法存钱，套用西塞罗自己的话是"省吃俭用全是为了它"（ego omnes meas vendemiolas eo reservo）。（引自《藏书考》，第116~121页）

[16] 索修斯兄弟（Sosii），罗马书商，贺拉斯的出版商。另见译者前注。

[17] 昆体良（Quintilian，公元三十五~九十六年后），罗马文法学家，也是首位领取国家俸禄的雄辩术教师，有十二卷巨著《雄辩术原理》（*Institutio oratoria*）存世。

[18] 关于 rhetoric，昆体良自言乃希腊词，拉丁语应为 oratoria，故此处 Rhetorici 不译《修辞学》，而为《雄辩术》。（参见《昆体良教育论著选》，任钟印选译，人民教育出版社，2001年，第1页）

[19]《礼辞》（*Xenia*）。Xenia 乃主人为到访宾朋准备的小礼品，亦可泛指礼品。礼品常有附言，有时不乏幽默。马提雅尔的此类警句诗颇富机智，广受罗马人喜爱。

原诗见马提雅尔《铭辞集》第十三卷第三首，康慨依惠根（Peter Whigham）英译
（*Epigrams of Martial Englished by Divers Hands*, UCP, 1987, pp. 499），转译如下：

> 这本小薄书，我的《礼辞》，
> 　要价四塞斯特斯。
> 是不是很过分？即使两块钱，
> 　特里丰还是有的赚。
> 如果穷似我，这些双联句，
> 　您得用做待客礼。
> 全都有标题：盆盆，罐罐，
> 　不合您口味——不用便是。

[20] 圣希罗尼穆斯（Saint Hieronymus），应指圣哲罗姆（Saint Jerome，约公元三四七~四一九或四二〇年），拉丁名写作优西比乌斯·希罗穆斯（Eusebius Hieronymus），早期教会学识最渊博的教父，曾将希伯来文《旧约》和希腊文《新约》译为拉丁文。

[21] 苏拉（Sulla，公元前一三八~前七十八年），罗马独裁官，写过回忆录，并题献给卢库卢斯，但大部分佚失；卢库卢斯（Lucullus），罗马执政官，退休后过着极为奢华的生活，拉丁语形容词 Lucullan（意为"奢侈的"，同英文 luxurious）即得自其名；萨卢斯特（Sallust，公元前八六~前三十五年），曾任保民官和元老院元老，罗马历史学家，著有《喀提林战争》、《朱古达战争》和《历史》（仅存残篇）；恺撒（Caesar），罗马独裁官，罗马史上最重要的人物，著有《高卢战记》和《内战记》等；马可·奥勒留（Marcus Aurelius，公元一二一~一八〇年），罗马皇帝，以关于斯多葛哲学的《沉思录》传世。

[22] 梅塞纳斯（Maecenas，约公元前七十年~前八年），外交官，罗马第一个皇帝奥古斯都的顾问，贺拉斯和维吉尔等人的赞助人，但塞涅卡曾批评他奢侈的生活方式。

[23] 罗马共和国始自公元前五〇九年，至前二十七年屋大维获授"奥古斯都"称号，进入帝国时代而结束。

[24] 斯塔提乌斯（Statius，公元四十五~九十六年），拉丁文学白银时代（公元十八~一三三年）最重要的史诗和抒情诗人之一，著有长达十二卷的史诗《忒拜战纪》（*Thebais*），描写了波吕尼刻斯和厄忒俄克勒斯争夺希腊忒拜王位的故事。

[25] 苏埃托尼乌斯（Suetonius，公元六十九~一二二年后），罗马传记作家，著有《名人传》和《诸恺撒生平》（*De vita Caesarum*，中译本作《罗马十二帝王传》）。

[26] 庞庇里乌斯·安德罗尼库斯（Pompilius Andronicus）。关于这段故事，苏埃托尼乌斯叙述如下："马尔库斯·庞庇里乌斯·安德罗尼库斯出生在叙利亚，他由于热心于伊壁鸠鲁学派活动，故被认为是一个懒散的语法学家，不适合领导一个学校。他知道自己在罗马不受敬重，其地位不仅不如安东尼·格尼佛，甚至还不如那些能力更低的人，因而移居库迈过隐居生活，写了许多著作。他穷困潦倒，衣食短缺，因而被迫以一万六千塞斯特尔提乌斯的价格把自己的主要著作——一本小册子《恩尼乌斯〈年代记〉评注》卖给一个人。俄尔毕利乌斯告诉我们，在该书成了无名氏之作后，他全部买到

了，并且使它重新以原作者的名字流传。"（《名人传·语法学家》，VIII，译文引自《罗马十二帝王传》，张竹明、王乃新、蒋平等译，商务印书馆，1995年，第349页）

[27] 皮纳此述有误。此事见于小普林尼书信集第三卷第五信《致拜比乌斯·马凯尔》，该信通篇讲述老普林尼的事迹。老普林尼是小普林尼母亲普林尼娅·马凯拉的兄弟，所以应为后者的舅父，而非皮纳所说"祖父"。同样，两位普林尼也不是大量中文作品或译著中描述的叔侄关系。相关信文如下："他（指老普林尼）认为，所有未用于研究的时间，均属虚度。正是由于这种专注和勤奋，他完成了全部宏伟卷册，留给我的'选辑'，共一百六十本书，以纸草纸两面书写，蝇头小字，令其内容更为庞大。他过去常常提起，他在西班牙做财税长官时，本可以四十万塞斯特斯的价钱，把这些书卖给拉基乌斯·利基努斯，当时它们的数量还没有这么多。"（康慨译自 *The Letters of the Younger Pliny,* Paul Kegan, Trench, Trübner, 1890, p. 81）拉基乌斯·利基努斯时任西班牙总督。

[28] 《前柏拉图学园》（*Academica Priora*）是西塞罗的作品。

[29] 恺撒遇刺身亡后，西塞罗将共和制的希望寄托于恺撒养子屋大维，激烈反对执政官安东尼，未料屋大维与安东尼和雷必达结成三头同盟（triumvirate），杀西塞罗于公元前四十三年十二月七日，令人割其头，剁其双手，钉在罗马广场的讲坛上示众。后屋大维连克安东尼于希腊和埃及，成为事实上的罗马皇帝，共和国结束。

[30] 提布卢斯（Tibullus，约公元前五十五～前十九年），罗马诗人，昆体良认为他是罗马最好的哀歌诗人，这也就是说，比普罗佩提乌斯和奥维德还要好。

[31] 卢坎（Lucan，公元三十九～六十五年），罗马诗人，著有《法尔萨利亚》（*Pharsalia*），又名《内战记》（*Bellum civile*），写恺撒与庞培的战争，乃唯一不曾提及众神干预的主要拉丁史诗。

[32] 提比略（Tiberius，公元前四十二～公元三十七年），奥古斯都（屋大维）的义子，公元十四年继位，为罗马帝国第二位皇帝。史载他人生最后十年，长期纵乐于卡普里岛，再未回返罗马。三十七年春，他应邀在运动会上投枪，扭伤而卧床，终至病重昏迷。御医断言帝将崩于当日，卡利古拉遂被召入，以继位者通告天下，禁卫队在帝榻前对卡利古拉宣誓效忠，不期提比略突然坐起，要求吃饭。众显贵大骇，方寸尽乱。唯禁卫官马克罗头脑清醒，翌日疾奔至帝榻前，以毯子堆将提比略窒毙。苏埃托尼乌斯在《诸恺撒生平》中极力渲染提比略的淫行与残虐，颇污秽，罗马文坛对他的厌恶可见一斑。

[33] 译文引自苏埃托尼乌斯《罗马十二帝王传》，张竹明、王乃新、蒋平等译，商务印书馆，1995年，第145页。

**** 罗马皇帝卡利古拉（Caligula，公元十二～四十一年），疯狂查禁图书，迫害作家。他曾经想烧毁荷马史诗，理由是这是柏拉图的意思，因为他在"理想国"里排除了荷马。维吉尔和李维也未能幸免，他们的作品被从图书馆里移走并毁坏，称他们"无才而冗长"。据说他还流放了公元一世纪的修辞学家卡利那斯第二（Carrinas Secundus），因为他发表了公开抨击暴君的演说，以致卡利那斯第二在流放地雅典自杀。(引自斯塔库斯 [Konstantinos Sp. Staikos],《西方文明中的图书馆史》[*The History of the Library in Western Civilization*, II, From Cicero to Hadrian, Translated by Timothy Cullen, Oak Knoll Press, 2005, pp. 140~141])

[34] 图密善（Domitian, 公元五十一~九十六年），罗马皇帝，以残暴统治闻名，他在位的最后四年，被认为是罗马史上最恐怖的时期。

***** 图密善判处政治家兼斯多亚哲学家鲁斯提库斯（Quintus Junius Arulenus Rusticus）死刑，因为他希望否决元老院判处特拉西亚（Paetus Thrasea）有罪的决议，并在特拉西亚死后给其写的传里称赞特拉西亚。这还不够，图密善还从罗马和意大利全境放逐了所有哲学家。他还下令暗杀了剧作家普里斯库斯（Helvidius Priscus），因为怀疑他在戏剧《帕里斯与俄诺涅》里影射攻击皇帝，而只有图密善自己才会这样解释其中的话。他还判处自己的秘书埃帕弗罗蒂图斯（Epaphroditus）死刑，他是当时最大的私人图书收藏者之一。因为图密善不能原谅他在尼禄宫廷里处于同一位置时帮助尼禄自杀。(引自斯塔库斯,《西方文明中的图书馆史》，第二册，第182页)

[35] 塔西佗关于禁书、焚书、杀死作家的叙述见于《阿古利可拉传》第二节，但这两句话似乎不在其中，相近的表述为"如果健忘能够像沉默一般的容易，那么，我们会把记忆和语言都同样地抛掉"(《阿古利可拉传·日耳曼尼亚志》，马雍、傅正元译，商务印书馆，1959年，第14页)

罗马人夫妇，庞贝。

乌尔比亚长方形柱堂（Basilica Ulpia）北墙复原图，
描摹自Julien Guadet（1867年）素描集，
摘自《古罗马废墟》（*Ruins of Ancient Rome*）。

雅典和罗马的书店

最早提及雅典书店的，是一些早期的喜剧作者，时间约在公元前四三〇年。依波吕克斯[1]所述，他们曾写到有货摊摆卖图书。其他相关信息则少得可怜。哲学家芝诺曾因船难搁浅于雅典，遂在港口区闲荡，发现有家书店，便走了进去。[2]* 亚历山大大帝是个充满热情的爱书人，曾具体指导在雅典购买埃斯库罗斯、索福克勒斯和欧里庇得斯的作品，以及诗歌和历史著作。甚至阅览室，或可供出借的图书馆可能也已出现。第欧根尼·拉尔修曾提到，柏拉图的作品可以付费查阅。

在罗马，至早在西塞罗和卡图卢斯的时代，便已有书店存在。它们坐落在最好的、最繁忙的商业区，亦为学者和藏书家们的聚会之所。帝国时期的许多书店已为今人所知，喜欢罗马城的人或会由此回忆起这些书店所处的地点。首先便是贺拉斯的出版商索修斯兄弟的商铺，紧邻果神庙和门神庙，古老的祭祀之地，

连通希腊与罗马繁荣集市的大理石铺地街道复原图，沿其一侧附带潘泰诺斯图书馆（Library of Pantaenus），W. B. Dinsmoor, Jr. 绘制。

马提雅尔时代罗马的书店。斯塔库斯（K. Sp. Staikos）绘制。

不远处便是古广场，近前方则有卡斯托尔神庙的三根科林斯圆柱，壮丽的废墟。[3]

如果我们由此地穿过广场，前往古老的圣科斯马斯和达米安小圆教堂，便会抵达韦斯巴芗[4]建造的和平殿遗址。马提雅尔的出版商塞昆都斯，便曾紧邻此处开店。朝卡皮托利尼山的方向走上几百步，我们会发现自己已经置身于恺撒广场，由此出发，从前是通往埃斯奎利诺山的阿基利图大道。出版商阿特莱克图斯曾在这条路上开店，路边的小街内，还有更多书店。

这些书店的门口和廊柱上，挂有在售图书的书目，标明作者和书名，新书尤为醒目。显然，店中也设展柜，内有新书节选，以激发公众的好奇心。曾有某人向马提雅尔索要礼品书，他的回复有趣至极："靠近恺撒广场有家书店，两门糊满广告，公示现售书名，你只需瞥一眼书单，然后进店要我的书即可。店主名叫阿特莱克图斯，他会极为高兴，从第一或第二个货架上，拿出一部马提雅尔作品的上好版本，让你只花五个迪纳里厄斯，便可将其拿下。" 48

葛琉斯曾经写道，对珍本或比较昂贵的书，罗马的书商往往也会提供收费试读。

除了书商，还有"旧书贩"（Bouquiniste），他们在柱廊下或大街上廉价兜售。葛琉斯曾在布林迪西[5]的港口，以极低的价格买到一大堆希腊古卷。** 说到底，那些不成功的书似乎往往会被拿去蒙骗外省人。贺拉斯曾把他的新书比作人，写过一篇妙趣横生的短章，暗示了人老书黄之后，可能临于己身的可悲宿命。[6]

在较大的行省城市中，也有一流的书店。小普林尼曾惊讶于里昂 [7] 的书肆，并为自己的书在当地有售而喜不自胜。西多尼乌斯·阿波利纳里斯 [8] 亦曾述及，他有个朋友在兰斯 [9] 一家书店大事采购。

珍稀古书乃零售业的一个分支，同时伴随着种种歪门邪道。新书被放进谷堆，使其染上假黄，得古稀之貌，以图卖出高价。演说家利巴尼奥斯 [10] 记载过一例可笑的赝造：有人拿出所谓的《奥德赛》原始手稿，公然叫卖。

罗马始终是图书业的中心，古代世界衰落前如此，衰落后亦然。苏尔皮西乌斯·塞维卢斯 [11]（公元四〇〇年）曾经写道，他所著《圣马丁传》一书便是在罗马首度面世，世界各地的出版商和书商趋之若鹜，而不避此书之价格高昂。***

据可敬的比德 [12] 记载，迟至公元七世纪上半叶，韦穆修道院院长本尼狄克第四次前往罗马，还将"大量的各种各样的书籍"带回了英格兰。[13]

然而，蛮族入侵如死神之狂风，扫荡一切文明果实，古代图书业亦随之凋谢。

[1] 波吕克斯（Pollux，活跃于公元二世纪），生于埃及的希腊学者和修辞学家。

[2] 据说芝诺当年三十岁，从腓尼基船运紫色染料至比雷埃夫斯港，船失事，芝诺登岸，步行十几公里到了雅典，途经一家书店歇脚，结果在此读到色诺芬的《回忆苏格拉底》，大受震动，长吁短叹，口中道：今天到哪里去找苏格拉底这样的人啊。恰巧犬儒大哲底比斯的克拉特斯行经此地，店主便指着门外，对芝诺说：跟那人走。这个故事是第欧根尼·拉尔修讲的。此芝诺乃基提翁的芝诺，非生活在更早期的埃利亚的芝诺，后者因为飞矢不动等悖论，长期受到中国辩证唯物主义哲学家们的贬损和庸俗解读。

* 到了公元前四世纪初，书籍的买卖已发展成一种相当兴盛的行业。公元前三九九年，苏格拉底就在审判时表示，阿那克萨哥拉（Anaxagoras，约公元前五〇〇～前四二八年）的作品"在舞蹈场（orchestra）有时最多只要一块银币"。显然在苏格拉底时代，书店已十分常见。而芝诺，他还是个小孩时，在家乡塞普勒斯岛自修哲学，而他所用的书，正是他的商人父亲为他在雅典所购买的书籍。而柏拉图的一个门人曾抄写了几部这位哲学大师的作品，然后带往西西里岛贩卖，此举给这人招来恶名。（引自《藏书考》，第46~47页）

[3] 古罗马广场（Forum）乃古代罗马城的中心，共和国时代用于举行公共会议或辩论竞赛，亦用作法庭，周围遍布商铺和露天市场，帝国时代则主要用于举行宗教或世俗庆典；卡斯托尔和波吕克斯神庙（Temple of Castor and Pollux）是广场主要建筑之一，始建于公元前四九五年，今天仅存少量墙基和三根石柱；维特努斯（Vertumnus）乃四季和花果之神，雅努斯（Janus）则为门神，以双面著称。贺拉斯曾为其《信札》付诸出版之前，以给书写信的形式作有后记。贺拉斯好玩极了，在他笔下，书被拟人化了，仿佛是他家里一个年轻英俊的奴隶，急于逃离主人的房舍，到外面一睹大千世界："我的书，你好像渴望着，快快去见维特努斯和雅努斯，打扮得整整齐齐，让索修斯兄弟用浮石粉，把你修饰得干干净净，这样你就能摆出来卖了。"（见《信札》I, xx, 1, 康慨译自 *Horace: Satires, Epistles and Ars Poetica*, Loeb Classical Library, 1929, pp. 388~389）现在几乎没有人这么写后记了，更不必说把作品比做家奴。

[4] 韦斯巴芗（Vespasian，公元九～七十九年），罗马皇帝。和平殿（Templum Pacis）建于公元七十一至七十五年，意在纪念七〇年帝国军队成功镇压犹太人反抗——恢复"和平"，并摧毁耶路撒冷（第二）圣殿，后者仅余西墙，即如今的哭墙。

[5] 布林迪西，意大利东南港市，临亚德里亚海，名称来自希腊语，意为"鹿头"，指港湾形状。

** "当我从希腊返回意大利，而来到布林迪西（Brundisium）。登岸后我在这个著名港口闲逛，恩尼乌斯（Quintus Ennius）称之为 praepes（吉地），用这个诨号虽有些牵强，却正好恰当。那里我看到一捆书在陈列销售，我立刻急着赶过去。当时，那些书都是希腊文的，载满奇妙的故事，闻所未闻、难以置信。这些作者都是古人，却并无名望：普洛康尼苏斯的亚里士提亚斯（Aristeas of Proconnesus）、尼西亚的伊希戈努斯（Isigonus of Nicaea）、斯特西亚斯（Ctesias）、奥尼西克里图斯（Onesicritus）、菲洛斯特芬努斯（Philostephanus）和赫格西亚斯（Hegesias）。而这些卷轴本身却因长时期保存不善而肮脏不堪，品相欠佳，十分难看。不过我仍上前问价，因为价钱不同寻常、出乎意料的低廉而把我吸引住了，我花很少一点儿钱买了其中绝大部分。在接下来的两夜路程中我快速浏览了全部书籍。"（引自葛琉斯《阿提卡之夜》，IX, IV, 第二册，第160~163页）

[6] 仍见《信札》I, xx。贺拉斯以书为奴，给其《信札》写信，谆谆告诫："一俟你的情人心满意足，倦意渐生，你便会发现自己蜷缩于角落。不过，除非你误使先知也蒙蔽了慧眼，而遭人忌恨，否则你将始终在罗马受人疼爱，直到青春不再；当你被一双双粗俗的手反复摸弄，遭到玷污，便只能在静默中成为野蛮飞蛾的食物，或者逃至尤蒂卡，或被绑缚着，送去伊德尔达。"（康慨译自 *Horace: Satires, Epistles and Ars Poetica,* Loeb Classical Library, 1929, pp. 388~389）

[7] 里昂于公元前四十三年成为恺撒军队一部的驻防地，后为罗马殖民地及高卢首府。现为法国中东部大城。

[8] 西多尼乌斯·阿波利纳里斯（Sidonius Apollinaris，卒于四八九年），高卢—罗马诗人、主教，生于里昂。

[9] 兰斯由高卢人建立，后成为罗马在高卢的重镇。现为法国东北部历史名城。

[10] 利巴尼奥斯（Libanius，三一四~三九三年），希腊辩师。

[11] 苏尔皮西乌斯·塞维卢斯（Sulpicius Severus，约公元三六三~四二〇年），高卢人，早期基督教虔修士，当代高卢—罗马史权威，亦被认为是同代人中最优雅的作家，以所著《圣马丁传》（*Vita S. Martini*）最为知名。

[12] 可敬的比德（The Venerable Bede，六七二或六七三~七三五年），或可敬的圣比德（Saint Bede the Venerable），盎格鲁—撒克逊神学家、历史学家，著有《英吉利教会史》，所采以耶稣生年纪元的方法，久已为国际通用。

*** 葛琉斯（Aulus Gellius）说，他曾在罗马一间书店中发现店内"展售着法比乌斯的《编年史》，店家宣称这书的内容完全无误，是货真价实的古老版本"。这部《编年史》是历史学家法比乌斯·皮克特（Fabius Pictor）的巨著，其活动时间约在公元前二〇〇年。（引自《藏书考》，第158页）

葛琉斯说："我偶然停留在希吉拉利亚（罗马一个街区，那里有小雕像出售，是为了在希吉拉利亚节上作为奉献的礼品）一家书店，和诗人尤利乌斯·保罗斯（Julius Paulus）一起，在我记忆里这是一位很有学问的人。那里在销售法比乌斯的《编年史》，版本很好，年代也确认无误，店主宣称没有任何错讹之处。而一位知名的文法学家，被一位买家叫来检查这部书，他说在书里发现了错误，而对书商而言他要返还其薪酬总额，诸如不能有一处错误，即便只是一个字母。而文法学家在第四卷指出如下段落里 duovicesimo 应该读作 duovicesimus。"（引自《阿提卡之夜》，V, IV, 1~5，第一册，第387~389页）

[13] 见比德之《修道院长列传和给埃格伯特的信》（《英吉利教会史》，陈维振、周清民译，商务印书馆，1991年，第389页）。

以弗所塞尔苏斯图书馆被修复正面的照片。

PORTIQUE D'ADRIEN.

TYP. J. CLAYE.

哈德良图书馆外柱廊。复制于E. F. P. H. Breton, *Athènes décrite et dessinée suivie d'un voyage dans le Péloponèse*, Paris, 1862年；T. du Moncel, *Athènes Monumentale et Pittoresque*, Paris, 1846年。

古代的图书馆和藏书家

关于希腊文学黄金时代的图书馆，仅余微量零碎信息可用。
最早的大规模图书收藏，出自萨摩斯的统治者波利克拉特斯[1]，
以及雅典的暴君庇西特拉图[2]。据说庇西特拉图曾开放其藏书，
以供公用，雅典人自己似乎亦有添加。*

公元前四〇〇年后，对雅典图书馆之存在的记载，要更为可
信，它们全为私用。诗人欧里庇得斯便坐拥此类佳藏，而阿里斯
托芬素有一只毒笔，且对这位剧作家几无敬意，自然不会放过这
样一个机会，便拿欧里庇得斯的这一爱好做了笑料。

亚里士多德——以及众多声望稍逊之人——曾被描述为热心
的藏书家。据说他曾花三个阿提卡的塔兰特（三百四十金英镑），
买下哲学家斯珀西波斯[3]的若干遗稿。亚里士多德的图书馆之
所以不同寻常，不独因其规模，它还是第一座按照特定规划，进
行设计和排列的图书馆。日后兴建庞大的亚历山大图书馆时，亦

书斋中的亚里士多德。摘自P. Gringore, *Les menus propos...* Paris，1528年。

以之作为范例。若无一座科学排序的图书馆，供亚里士多德不间断地使用，那么他如何写作，便实在难以想像，须知其作品囊括了当时已知的所有学科。[**]

51

此后一段时间便情况不明，直到我们得知，哈德良皇帝[4]在雅典建起了一座大图书馆。此馆在整个古典时期皆赫赫有名。其无与伦比的壮观，令人仰息的建筑特色，曾让保萨尼阿斯[5]叹为观止。大堂的天花板上，黄金与雪花石膏熠熠发光，精美的壁画装饰着四墙。伫立于各处的，是伟大作家和诗人的雕像。如今在雅典的风神大街，此馆建筑仍有相当可观的遗迹可以得见，足以给人留下深刻印象。

希腊诸城邦早在公元前三世纪便已建起了公共图书馆。在埃及和小亚细亚，继业者诸王朝[6]的宫廷，亦笼罩于希腊文化的辉光，甚至在各自图书馆的卓越与丰富方面，也要互相攀比。

古代图书馆中最著名的一座，为托勒密一世在亚历山大城所建（约公元前三○○年）。它被奉为后世一切图书馆，尤其是罗马众多图书馆的典范。其兴建不仅出于理想，亦含政治动机：它有意使尼罗河流域希腊化。这就可以说明如下这一显著事实：该图书馆所在国的文献，完全未予收藏。馆分两区，相对独立，较大的一区地处王宫，较小的一区位于塞拉皮斯神庙。它由著名的学者和作家们掌管。即便那些见惯了奢华的罗马人，也为其富丽堂皇吃惊不已，自忖只有帝京可与之比肩。尤利乌斯·恺撒于

52

53

以弗所塞尔苏斯图书馆，正面推测复原图，W. Wilberg绘。

亚历山大图书馆想像复原图。复制于H. Goll,
Die Weisen und Gelehrten des Alterthums, II, Lepzig，1876年。

公元前四十七年占领该城时，相当一部分馆藏焚毁于战火。而在遭此劫难之前，据阿米阿努斯·马尔切利努斯[7]和葛琉斯所言，其全部藏书多达七十万卷。*** 若将以下三方面因素考虑在内，则这一数字似未夸大：该图书馆藏有全部希腊著作，众所周知，其中绝大部分皆已失传。卷轴尺寸较小：仅荷马的《伊利亚特》和《奥德赛》便有二十四卷。最后，亚历山大图书馆内的大多数作品，均有数份副本，一如现代大图书馆之通行做法。对亚历山大图书馆藏书数量的估算往往并不一致。除葛琉斯之外，阿米阿努斯·马尔切利努斯也基于详细的调查，提供了这一最高数字。对这位编年史家，至少吉本[8]确信他所言不虚。

为弥补遭焚图书所失，安东尼[9]后来将掠自帕伽马的二十万卷书，赠予了克娄巴特拉。

这批珍藏被收入塞拉皮斯神庙，最终尽毁于公元二九一年，早期基督徒将这座异教圣地夷为平地。所谓哈里发奥玛尔[10]纵火于该馆，则纯属无稽之谈。相反，一个不争的事实是，我们要为许多希腊作品幸存于今而对阿拉伯人感激不尽。

54 帕伽马的图书馆是为了与亚历山大城竞争，而于大约一百年后兴建的。其遗址出土于帕伽马卫城，并得到确认，而此时，亚历山大图书馆已经从大地上消失殆尽。

正如在希腊一样，罗马私人图书馆的出现，要先于公共图书馆的创建。埃俄米利乌斯·保罗斯、苏拉和卢库卢斯 **** 等得胜

106

帕伽马：带雅典娜神庙与图书馆平台遗址的部分视图。摄影：Dora Minaidi。

帕伽马图书馆主厅关闭的书柜复原素描，显示有双重可折叠的门和像门廊的精巧边框。W. Hoepfner 绘制。

的将军们，把大量图书作为战利品带回罗马*****，对公共图书馆的需要遂应运而生。苏拉劫掠的图书由其子福斯图斯承继；西塞罗当时客居于库迈的福斯图斯宅内，曾致信阿提库斯，说他正在大元帅的图书馆内浏览。一提起卢库卢斯，后人总是首先想起他贪恋美食，这未免有失公允，其实他藏有大量精品图书，且非常慷慨大度，对学者和其他有兴趣人士开放阅读。另一个大藏书家乃西塞罗，他花了很多钱——依其本人忏悔，是太多的钱——用于满足自己这种强烈的爱好。他有多座大图书馆，分布于他在图斯库鲁姆、安提乌姆和库迈的别墅。******图书馆似已成为罗马名流府邸的必要部分，迅速成了一种奢华时尚。

恺撒首先提出在罗马兴建公共图书馆的计划；然而他死得过早，无法将计划付诸实施。执行者的荣耀遂归于高风亮节的将军和政治家阿西尼乌斯·波利奥 [11]，他利用自己在达尔马提亚一役的战利品，于公元前三十九年创办了第一座公共图书馆。在希腊语著作之外，亦首次将拉丁语作品收入其中。

该馆很快失色于奥古斯都兴建的两座大图书馆，一座在帕拉蒂尼山上，另一座位于屋大维娅柱廊。帕拉蒂尼图书馆与宏伟的阿波罗神庙相连，后者为奥古斯都在亚克兴角战役 [12] 后祭献。部分藏书在康茂德 [13] 时代（约公元二〇〇年）毁于火灾，余者亦在公元三六三年被焚毁。帕拉蒂尼山上，有若干古典建筑今日已荡然无存，神庙与图书馆便在其中。据信它坐落于此山一角，

西塞罗在书斋中。版画，约十八世纪。

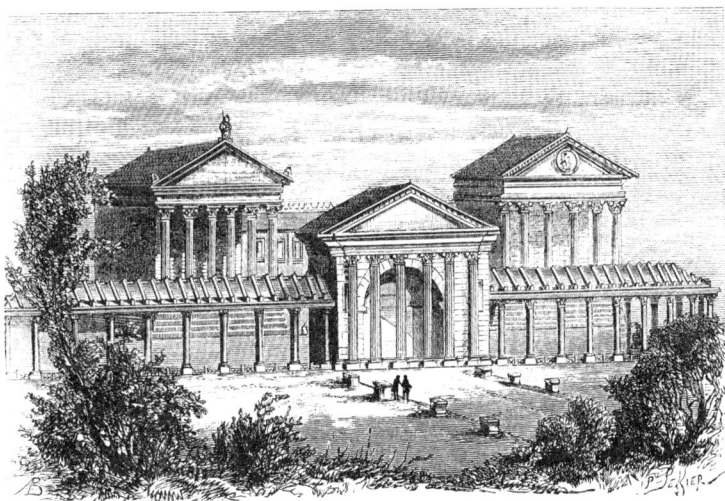

屋大维娅柱廊。Duban绘制复原图，摘自V. Duruy, *Histoire des Romains...* p.557。

与君士坦丁拱门相对。[14]

位于屋大维娅柱廊的另一座图书馆，则在提图斯[15]统治时期尽毁于大火。今天，这座伟大建筑仅有数根石柱和一座柱廊，残存于马塞卢斯剧院附近。

提比略兴建于奥古斯都神庙的图书馆，仍有一些重要遗迹存留至今。在中世纪早期，此地被翻建为圣马利亚古教堂，位于罗马广场上的卡斯托尔神庙附近。

存留时间最长的是乌尔比亚图书馆，由图拉真[16]建于其广场。至迟到十五世纪，还有人提及。馆含希腊、罗马各一区，分处于不同馆舍。图拉真柱便竖立于两区之间。馆建之遗迹至今犹存。********

根据君士坦丁[17]在公元三五〇年所作的地区普查，罗马曾有二十八座公共图书馆，其中我们知馆名者有八座。*********

各省亦有公共藏书，即便小城镇也不例外。小普林尼曾在家乡科莫发现一座图书馆，并投资予以维修。葛琉斯也曾讲过，在许多罗马显贵前往避暑的蒂沃利，有一座图书馆，两种语言的藏书"内容齐全"。这是一座可以外借的图书馆，而一般来讲，古代藏书似乎仅供在馆内阅读。**********

从遗址上判断，大的公共图书馆往往设有大堂，或用做阅览室。内部装修奢华，配有彩色大理石、雪花石膏和贵金属，更少不了壁画和繁多的雕塑装饰。卡西奥多鲁斯[18]甚至记录了亮度

雕刻在大理石上的潘泰诺斯图书馆规章。雅典，阿戈拉博物馆。

巨大的人工照明。伊西多尔[19]则提及雪松木和黑檀木的书架。不过话说回来，但凡有藏书室的，也都存放糟糕。卷轴开架摆放，上附书名的卷标垂荡于外。在亚历山大图书馆，书册，甚至卷轴就放在箱子里。而若要对古代大阅览室的通常样貌有一直观印象，则可比照梵蒂冈图书馆的大堂。

在帝国时代，罗马上流社会和热心于此的人中，兴起了一种真正的藏书狂热。无一处乡村别墅不设豪华书房。既然世风如此，暴发户们也便自行购书，多到足以铺满他们的全部墙壁。这种没文化的"藏书家"，常被许多讽刺作家捕为挖苦对象。

佩特罗尼乌斯在"特里马尔奇奥的宴会"[20]中，便曾写道，这个粗鄙的暴发户如何向宾客们吹嘘，他有两座图书馆，一座希腊语的，一座拉丁语的。塞涅卡也曾谈到，有些人大批大批地买书，可还是和家里的佣人们一样没文化：他们终其一生，连自己那些书的书名都读不完；他们只用这些书装点门面；他们只把图书馆当作另一种时髦的家什，就像一间精装的浴室。琉善痛贬此类爱书人，取笑那些只求拥有，而无心读懂的藏书家，将他们比作音乐传来，连耳朵都不肯竖起的蠢驴。依其所述，他们的书房只是鼠仓蛾床，徒然让人们烦恼惊慌。

现已发现的唯一一座古代图书馆，出土于赫库兰尼姆，内含一千八百份烤焦的卷轴。此乃一间斗室，环绕四墙，尚有书架残存。架上饰以镶木。屋中央为一阅读台。这间小小的书房，当然

纸草园图书馆电子复原图。那不勒斯国家考古博物馆。

无法成为罗马那些奢华图书馆的典范，反倒是后者，其富丽堂皇绝不亚于公共图书馆。

无数珍贵的藏书直到公元五世纪仍有存留，而后消失得无影无踪。日耳曼部落的入侵将它们埋葬，猝死的古代文化成了它们的坟场。**********

---

[1] 波利克拉特斯（Polycrates），爱琴海上萨摩斯岛的僭主和独裁者（约公元前五三五～前五二二年在位），一度以海盗方式横行海上，后被诱至大陆，钉死于十字架。他生前赞助文学，曾供养名诗人阿那克利翁（Anacreon）于宫中。

[2] 庇西特拉图（Pisistratus, 亦拼作 Peisistratus, 公元前六世纪～前五二七年），雅典僭主。他统治时期，节日众多，文艺昌盛，曾为吟游诗人、酒神颂歌和悲剧演出设立竞赛。

* "僭主庇西特拉图据说是第一个在雅典建立七艺图书馆的人。而雅典人自己对这批藏书也进行了周到、勤奋而细心的增添。后来薛西斯占领雅典时，除了城堡之外烧毁全城并把全部藏书带回了波斯。最后，经过很长时间，塞琉古一世(Seleucus, 公元前三五八？～前二八○年)，绰号 Nicanor，把所有的书带回雅典。"（引自葛琉斯《阿提卡之夜》，VII, XVII, 1—3，第二册，第138~139页）

[3] 斯珀西波斯（Speusippus, 卒于公元前三三九或三三八年），希腊哲学家，柏拉图死后成为学园首脑。

** 斯特拉波说亚里士多德是第一个藏书家，未免夸张。欧里庇得斯（公元前四八五～前四○六年）已经有自己的藏书了。如果限制在研究性图书收藏的系统组织者方面，倒可以说是正确的。亚里士多德藏书的命运是古代图书史的重要篇章。他藏书分三部分：一是他所买的其他作者的著作，这是他藏书的主体部分。二是他自己著作的自藏本，由本人或他人笔录，这二者都是为更大范围公众服务的，也是更"通俗"的作品。还有目的是为了他学生读的更"深奥"的作品，来自他的讲义（文字上的，只为了让人听讲）。三是他的写作遗稿（文献意义上的），包括各种笔记（注释、摘要、讲义等）、书信和私人文件。古代知名学者和现代研究者一致确认，亚里士多德的著作构成了他藏书的一部分。（引自布鲁姆《卡利马库斯》，"亚里士多德藏书"一节，第52~94页）

[4] 哈德良（Hadrian，公元七十六～一三八年），罗马皇帝，一一七年登基。

[5] 保萨尼阿斯（Pausanias，活跃于公元一四三～一七六年），希腊旅行家和地理学家，所著《希腊志》（*Periegesis Hellados*）乃对古代希腊风土和艺术遗迹之最为宝贵的记录。

[6] 继业者诸王朝，指亚历山大大帝死后，其将领们割据帝国疆土，建立的希腊化王国，主要有四：据有希腊和马其顿的安提柯王朝，据有埃及、以亚历山大城为都的托勒密王朝，据有叙利亚和美索不达米亚、以安条克为都的塞琉西王朝，以及据有安纳托利亚、以帕加马为都的阿塔利德王朝。

[7] 阿米阿努斯·马尔切利努斯（Ammianus Marcellinus，约公元三三〇～三九五年），罗马最后一位大史学家。

*** 据葛琉斯说："后来有一批数量巨大的图书，近七十万卷，在埃及托勒密诸国王辖下通过搜罗或抄写而得。而这些书在我们与亚历山大城第一次战争中因城市洗劫而全部被烧毁了，这并非有意或出自某人命令，而是偶然由雇佣军士所为。"（见《阿提卡之夜》VII, XVII, 3, 第二册，第138～139页），据编者罗尔费注，此战役发生在公元前四十八年，但亚历山大图书馆并没有在那时全毁。而图书损失数量很大，至少一部分是在公元前四十一年被安东尼所毁。图书馆的一部分在公元二七二年罗马皇帝奥雷连时代被烧毁，似乎到公元三九一年亚历山大图书馆才全都毁灭。（《阿提卡之夜》，第二册，第138～139页，注4）

[8] 吉本（Edward Gibbon，一七三七～一七九四年），英国历史学家，著有《罗马帝国衰亡史》。

[9] 马可·安东尼（Mark Antony，公元前八十二或八十一～前三十年），罗马将军，恺撒死后，以后三头之一的身份主管东方各行省，成为"埃及艳后"克娄巴特拉的情夫和盟友，后败于屋大维，在亚历山大城举剑自戕，死在艳后怀中。

[10] 奥玛尔（Omar，亦写作 Umar，约公元五八六～六四四年），即奥玛尔一世，六三四年成为伊斯兰教第二代哈里发，从拜占庭帝国手中夺取了埃及。

**** 普鲁塔克说："卢库卢斯对于图书馆的所作所为，十分值得表扬。他收集了许多好书，而他使用这些书籍的方式，比起取得它们的方式，又更要令人赞扬。他将众图书馆开放给所有人使用，围绕于图书室四周的柱廊与休息室，没有任何一个希腊人会被拒绝。凡进入图书馆的人，就仿若来到缪斯女神的客厅，可在那儿与其他人一块儿消磨一整天并愉悦地暂时远离其他繁琐杂务。"（引自《藏书考》，第106～107页）

***** 在罗马人征服迦太基时，他们把那里发现的书交给本国诸王公。而这些书都是腓尼基文字写的，而他们没法阅读。其中的书籍如迦太基将军马戈（Mago）的《论农业》被带回罗马并译成拉丁文，成为罗马农业手册的基础。（引自汤普逊 [James Westfall Thompson]，《古代图书馆》[*Ancient Libraries*], University of California Press, 1940, pp. 108～109）

另据卡森说，罗马将军小西庇阿（Scipio Aemilianus）在带兵攻占迦太基并放火烧城时，他望着腾起的火光，低吟起荷马史诗《伊利亚特》里的诗句以抒发此刻心声。而他父亲保罗斯（Aemilius Paulus）在二十二年前也曾在皮德纳战役征服马其顿

117

西塞罗在他一间书斋里。版画摘自 M. T. Cicero, *Epistolae...* Amsterdam, Blavius & Henricus Wetstenius, 1684年。

帝国时，什么战利品都没拿，而是让他两个"好学"的儿子——小西庇阿和另一个儿子搬走王室图书馆藏书。"（引自《藏书考》，第100~101页）

****** 西塞罗本人也有大量藏书，我们从其致阿提库斯诸多书信中一封（iv.8）得知他买了一幢别墅（他在意大利各地有十八处别墅），他朋送给他一位图书馆员提拉尼欧（Tyrannion），提拉尼欧带着工人绘饰书架，修补缝合散掉的纸草纸书，给卷轴安上标签并按次序放好。（引自汤普逊，《古代图书馆》，第34页）西塞罗尽管藏书丰富，但也避免不了自古以来所有图书馆主都会遭受的苦恼：偷窃。公元前四十六年秋天，西塞罗曾修书给帕普里厄斯·萨比契尔斯（Publius Sulpicius），即当时罗马驻以利瑞亚（Illyria，约位于今南斯拉夫境内）的军事将领："我的奴仆戴奥尼夏（Dionysius）负责管理我十分珍贵的图书馆，但他却从中偷了许多书籍，由于他知道将会受到应有的惩罚，便畏罪潜逃，如今他在你辖区内。我的朋友马库斯·波拉纳斯（Marcus Bolanus）与许多在纳隆纳（Narona）的其他人，均曾亲眼见过他，但他却告诉他们说已获得我的释放，而他们也信以为真了。倘若你能设法将他缉拿并交付于我，我将十分感激。"结果就在一年之内，即公元前四十五年七月，西塞罗接一封来自瓦提尼乌斯（P. Vatinius）的信，他是该区新任统帅，信中写道："有通报表示你那叛逃的奴仆，也就是那个抄写员（但由西塞罗信中看，他实际上相当于图书馆长）已加入了瓦戴伊族（Vardei，这是支定居于纳隆纳的民族），虽然你目前没有任何指示，但我已发动临时令上山下海追拿他。我定会帮你找到他。"但瓦提尼乌斯毕竟过于乐观，因为六个月后，即公元前四十四年一月，他沮丧地回复西塞罗："关于戴奥尼夏的消息，目前仍一无所获。"以后便再也不曾出现与此事有关的讯息了，看来这位雅贼可能已成功脱身。（引自《藏书考》，第110~112页）

[11] 阿西尼乌斯·波利奥（Asinius Pollio，公元前七十六~公元四年），罗马雄辩家、诗人和历史学家，早年随恺撒出征，公元前四十年出任执政官，以兴建第一座图书馆和人品端正闻名。

[12] 公元前三十一年，屋大维通过此役，决定性地战胜了安东尼和克娄巴特拉。亚克兴角位于今日希腊西北海岸。

[13] 康茂德（Commodus，公元一六一~一九二年），罗马皇帝，一七七年受父皇马可·奥勒留指定为同朝皇帝，父崩后于一八〇年起成为唯一的皇帝。他自认大力神转世，于一九二年宣布将于次年元旦以角斗士装扮就任执政官，公众被激怒。除夕，近臣召入罗马摔跤冠军，勒死了康茂德。

[14] 二十世纪六十年代初，在卡雷托尼（Gianfilippo Carettoni）教授主持下，意大利考古工作者在帕拉蒂尼山发掘出了阿波罗神庙的废墟。皮纳写作此书时的四十年代末，世人对该庙、与之相连的帕拉蒂尼阿波罗图书馆（bibliotheca Apollinis Palatini），以及山上的奥古斯都私宅，想必仍然所知甚微。

[15] 提图斯（Titus，公元三十九~八十一年），罗马皇帝，七十九年继韦斯巴芗之帝位。

[16] 图拉真（Trajan，公元五十三一一一七年），罗马皇帝，九十八年起为帝。罗马图拉真广场今存著名的图拉真柱。

******* 桑兹写道："他［奥略·葛琉斯（Aulus Gellius，生年约在公元一四〇年）］频频去往各个图书室，这包括在帕拉蒂尼山的提比略宫，韦斯帕芗所建的和平宫，图

西塞罗图斯库勒姆别墅复原素描图。
摘自V. Duruy, *Histoire des Romains...* vol. III, p. 463。

拉真殿，还有提布尔的赫拉克勒斯庙，甚至在希腊的佩特雷，他在彼处发现了'淆为古稿'的李维乌斯·安德洛尼库斯的著作。他读了朋友借自提布尔某寺院的亚里士多德著作抄本，里面有一篇论述融化的冰雪水，此后他便再也不喝冷饮了。(见《阿提卡之夜》，XIX, V, 4) 他也乐于记述他老师安东尼乌斯·朱力安努斯的事迹，彼人曾下大功夫核查了一份恩尼乌斯古抄本某个单字的误读；他还提及费边·皮克多、加图、卡图卢斯、萨卢斯特、西塞罗和维吉尔的珍善抄本，但这些可能是从普洛布斯处借阅的，据苏维托尼乌斯言，普洛布斯'耗尽心力，只为搜集经典作家的良善抄本'。"(引自《西方古典学术史》第一卷上册，第218页)。

[17] 君士坦丁 (Constantine，约公元二八〇年后～三三七年)，第一位宣称信奉基督教的罗马皇帝，三三七年既薨，故原文三五〇年的普查存疑。

******** 马可·奥勒留 (Marcus Aurelius，公元一六一～一八〇年在位) 在任皇帝前，约于公元一四四或一四五年写信给他的老师弗隆托 (Fronto)，信中说，他刚读完两部有趣的书，想必弗隆托也想读，但弗隆托不用到阿波罗神殿图书馆去，因为书已被他奥勒留借走，弗隆托倒是可以试试讨好一下 bibliothecarius Tiberianus，即"提比略 (图书馆)的馆长"。(引自《藏书考》，第145页)

********* 葛琉斯在帕特拉斯 (Patras) 有一个惊人的发现，该城是伯罗奔尼撒半岛西北角一个繁华城市，在这座城市图书馆里，他竟偶然发现了"一部货真价实的古董书" (librum verae vetustatis) 即由利维厄斯·安卓尼卡斯 (Livius Andronicus) 所翻译的拉丁文版《奥德赛》(公元前二四〇年)，他指出该书名并非以拉丁文呈现，而是用希腊字母拼写的。(引自《藏书考》，第180页)，该记载见于《阿提卡之夜》(XVIII, IX, 5～6；Vol. III, pp. 328～329)。

[18] 卡西奥多鲁斯 (Cassiodorus，公元四九〇～约五八五年)，罗马僧侣、历史学家和政治家。

[19] 伊西多尔 (Isidore，约公元五六〇～六三六年)，塞维利亚的圣伊西多尔，神学家，西方拉丁神父中的最后一位，编纂了对后世影响巨大、百科全书般的《语源学》(Etymologies)。

[20] "特里马尔奇奥的宴会" (Feast of Trimalchio，或 Cena Trimalchionis)，是佩特罗尼乌斯所著喜剧小说《萨蒂利孔》中现存最长，也是公认最好的一个故事。

********** 到公元六世纪，希腊语在西方已经成为死语言，教皇大格列高利 (Gregory the Great，约公元五九〇～六〇六年) 便完全不懂了，罗马帝国已经完全控制在蛮族移民手上，东西方文学教养和对图书的照管与收藏完全衰落了。希腊语在罗马已经完全没人说了，而拉丁语在君士坦丁堡已被禁止。不可设想罗马的图书馆会在这个时候继续增加它们的希腊语藏书，或希腊语图书馆致力于拉丁语书籍收藏。(引自汤普逊《古代图书馆》，第40～41页)。

卡拉卡拉浴室。复制于 J. von Falke, *Hellas und Rom...*

哈德良图书馆正面中心剖面图。复制于 J. Stuart 与 N. Revett,
The Antiquities of Athens, Vol. II, London, 1789年。

哈德良图书馆四瓣形建筑废墟。(摄影：N. Panayotopoulos, 2000年)

位于朱庇特神庙脚下的国家档案馆（Tabularium）和其他建筑，描摹自Constant Moyaux。摘自《古罗马废墟》，pp. 78~79。

提布尔哈德良别墅据推测复原的图书馆，在罗马文明博物馆内。

台伯河岸边赫拉克勒斯神庙。
据信由建筑师Hermodorus of Salamis建造，约公元前二世纪中叶。

屋大维娅柱廊复原图，Félix Duban绘（1827年）。
摘自《古罗马废墟》，p. 161。

萨加拉苏斯（Sagalassus）图书馆北墙，带壁龛与浮雕建筑。

参考文献

第 12 页（指边码，下同）：纸草纸及其生产] THEOPHRASTUS, *Hist. plant.* IV, 8, 3; STRABO XVII, 1, 15 (Ed. Meineke, p.1115); PLINIUS, *Nat. Hist.* XIII, 68 *sq.*; THE TEBTUNIS PAPYRI, Part II, p.102.

第 13 页：菲尔穆斯的话] *Script. Hist. Aug.*, FIRMUS III, 2; JUVENAL 1, 18.

纸草纸卷时代] PLINIUS, *Nat. Hist.* XIII, 83 and 86; QUINTILIAN IX, 4, 39; LUCIAN, *Adv. indoctos* 17; HORACE, *Epist.* 1, 20, 12.

第 14 页：纸草纸卷尺寸] PLINIUS, *Nat. Hist.* XIII, 77 and 78; ISIDORUS, *Ethymol.* VI, 10 and VI, 12, 1; *Digests* XXXII, 52, 5; CATULLUS XXII, 6.

卡利马库斯的话] *Athenaeus* III, 1 (Ed. Kaibel, Vol. I, p. 169).

一页的布局] Plinius, *Epist.* III, 5, 17; Martial VII, 62; Juvenal I, 6.

第 15 页：文字分布] Diodorus XVI, 1, 1.

书写材料] Martial XIV, 38; Persius III, 12; Celsus V, 28, 12 (Ed. Daremberg, p.215, 24); Plinius, *Nat. Hist.* XVI, 157; Sueton., *Vitellius* 2; Tacitus, *Annal.* V, 8; Isidorus, *Ethymol.* VI, 14, 1. Ink] Vitruv. VII, 10; Plinius, *Nat. Hist.* XXXV, 41-43; Ovid, *Trist.* I, 1, 7; Martial III, 2, 11.

The mural paintings from Herculaneum reproduced in the *Real Museo Borbonico*, Napoli 1824-57, I, 12; Cf. W. Helbig, *Wandgemaelde Campaniens*, Leipzig 1868, p.412 *sq.*

第 16 页：插图] Plinius, *Nat. Hist.* XXV, 8; XXXV, 11; Martial XIV, 186; Seneca, *Epist., princ.* IX, 6; Oxyrhynchus Papers, Vol. I, p.58; Fayum papers, Vol. IX, p.96.

书名及书名卷标] *Herc.* Vol. I, (Oxonii 1824) pp. 26, 83, 106; Scott, *Fragm. Hercul.* pp. 180, 239; Oxyrhynch. Papers, Vol. 8, p. 1091. Cicero, *Ad Att.* IV, 8, 2; Ovid, *Trist.* I, 1, 7 and 109; Martial III, 2, 11; Athenaeus IV, 57(Ed. Kaibel, Vol. I, p.370).

第 17 页：卷轴的构成] Catullus I, 2 and XXII, 8.

HORACE, *Epist.* I, 20, 2; TIBULL III, 1, 10-12; OVID, *Trist.* I, 1, 8 and 11; MARTIAL III, 2, 9; IV, 89, 2; V, 15; VIII, 72; STATIUS, *Silvae* IV, 9,7; LUCIAN, *De merc. cond.* 41 and *Adv. indoctos*, 7 and 16; PORPHYRIUS, *Ad. Horat. Epist.* XIV, 8; SIDONIUS APOLLINARIS, *Epist.* XVI, 8.

紫色皮革护套] MARTIAL I, 66, 11 and III, 2, 10; TIBULLUS III, 1, 10; LUCIAN *ubi supra*.

手持卷轴] LUCIAN, *Imag.* 9 and *Adv. indoctos* 16.

第 18 页：庞贝壁画，复制于 *Le Pitture antiche d'Ercolano*, Napoli 1757-59, Vol, IV, p.305 and Vol. V, p.253.

羊皮纸] PLINIUS, *Nat. Hist.* XIII, 70; ISIDORUS, *Ethymol.* VI, 11, 1; FLAVIUS JOSEPHUS, *Antiquitates Jud.* XII, 2, 11.

第 19 页：MARTIAL I, 2 and XIV, 184, 186, 188, 190.

第 20 页：GALEN, Ed. Kuehne, Vol. XVIII, p.630 and Vol. III, p.776. *Digests* XXXII, 52 pr.

法律著作] *Cod. Theodos.* I, 4, 3.

基督教文献] ISIDORUS, *Ethymol.* VI, 13, 1.

紫色犊皮纸] JUL. CAPITOLIN., *Vita Maximin. Jun.* 4; ISIDORUS, 1, C. VI, 11, 4; HIERONYMUS, *Praef. in Jobum* (Ed. Vall. Vol. IX, p.115);

CHRYSOSTOMUS, *Homil. in Joh.* XXXIII, (Ed. Montfauçon Vol. VIII, p.188).

第 21 页：瓦伦提安谕告见，*Cod. Theodos.* XIV, 9, 2。

古典文献眷抄过录于犊皮纸上] S. HIERONYMUS, *ad Rusticum*, (Edit. Vallarsi 125, 11) and *De Viris illustribus* 113 (Ed. C. A. Bermonilli, Freiburg 1895, p.52).

第 23 页： PLATO, *Apology* 26^d. XENOPHON, *Memorab.* I, 6, 14. ATHENAEUS IV, 57 (Ed. Kaibel Vol. I, p.370)

第 24 页：ARISTOPHANES, *Frogs*, Verses 52 and 1145.

DIONYS. HALIC., *Isocrates* 18; PHAEDRUS 274 *sq.* DION. HAL., *De comp. verb.*, *epitome* 25 (Ed. Goeller, p.222).

作家的职业] STRABO XIII, 1, 54; (Ed. Meineke, Vol. III, p.851).

第 25 页：*Frogs*, Verse 939. *Scholion to Knights*, Verses 129 and 528. GELLIUS III, 17, 1 and 5. DIOG. LAERT. VIII, *Philolaus* 4.

第 26 页：STRABO XIII, 1,54 (Ed. Meineke, Vol. III, p.851).

含有谈论女性言论的皇历] *Berliner Klassiker Texte* V, 1.

第 27 页：Athenaeus 11, 116, 164, 217 and VII, 7, 28, 62, 128, 129.

荷马史诗的纸草纸文献] P. Collart in *Revue de phil.* VI, (1932) p. 315 *sq.* and VII, (1933) p.33 *sq.*

第 28 页：烧书] Diog. Laert. IX, *Protagoras* 3.

第 30 页：作为罗马战利品的古希腊文图书] Plutarch, Lucullus 42; Lucian, *Ad. ind.* 4; Strabo XIII, 1, 54 (Ed. Meineke, Vol. III, p.851).

书 商（*Bibliopolae, librarii*）] Martial IV, 72, 1; Plinius, *Ep.* IX, 11; Seneca, *De benef.* VII, 6, 1; Gellius V, 4, 2 and XVIII, 4, 1.

作为作家的奴隶] Cornelius Nepos. *Atticus* 13, 3 and 4; Cicero, *Ad Att.* IV, 8, 2; V, 3, 3; XIII; 44; Horace, *Epist.* II, 2, 5; Seneca, *Ep.* 27.

第 31 页：戴克里克皇帝法令] *Corpus Inscript. Lat.* Vol. III, p. 831.

作为抄工的女奴] Eusebius, *Hist. Eccl.* VI, 17, 23.

对于抄写错误的抱怨] Martial II, 1, 5; II, 8; VII, 11; Strabo XIII, 1, 54 (Ed. Meineke, Vol. III, p.851); Symmachus, *Ep.* I, 24; Cicero, *Ad Quintum fr.* III, 5.

第 32 页：校正] Cicero, *Ad Att.* XII, 6, 3; XIII, 21, 4, and XIII, 23, 2;

MARTIAL X, 78, 12; GELLIUS V, 4, 1; STRABO XIII, 1, 54.

补充校正] CICERO, *Ad Att.* XIII, 44, 3 and XII, 6, 3.

赠阅本] MARTIAL VII, 11; 17, 7.

专家（文法学家）] GELLIUS V, 4, 2.

行数标示] e.g. BODLEIAN PAP. No. 1414.

第 33 页：PLINIUS, *Ep.* IV, 7, 2. CICERO, *Ad Att.* XIII, 44, 3. PLINIUS, *Nat. Hist.* XXXV, 2, 11. HORACE, *Od.* II, 20, 13 *sq.*; *Ars poet.* 345. PROPERTIUS II, 7, 17; OVID, *Trist.* IV, 9, 21; IV, 10, 128.

第 34 页：MARTIAL XI, 3, 1 sq.; I, 1, 2; III, 95, 7; V, 13, 3; VI, 60, 1; VII, 88; IX, 99; X, 9 and 104.

保存书籍记录] CICERO, *Ad Att.* II, 4, 1.

公众朗读] TACITUS, *Orator* IX, 13; PLINIUS. *Epist.* I, 13 and V, 3; JUVENAL VII, 39 *sq.*; HORACE, *Sat.* I, 4, 74; PETRON. 90, I.

第 35 页：部分出版] PLINIUS, *Epist.* V, 5, 3.

阿提库斯（Atticus）] CORNELIUS NEPOS, *Atticus*, particulary XIII, 3 and XVIII; CICERO, *Ad Att.* XII, 40, 1; XIII, 44, 3 and IV, 8, 2; PLINIUS, *Nat. Hist.* XXXV, 11; GELLIUS III, 11, 7; CICERO, *Ad Att.* I, 4, 3; I, 7; I, 10, 4; II, 1, 2; II, 4, 1 and 3; XII, 3, 1; XII, 6, 3.

第 36 页：《为利伽里乌辩护》] *Ad Att.* XIII, 12, 2; XV, 13, 1.

索修斯兄弟（Sosii）] Horace, *Epist.* I, 20, 2; *Ars poetica* 345.

出版商特里丰（Tryphon）] Martial IV, 72, 2; XIII, 3; Quintilian, *Institutiones, Epist. praem.*

第 37 页：Horace, *Ars Poetica* 345; Martial XIII, 3; I, 117, 16.

第 38 页：Lucian, *Adv. indoct.* 2, 4, 24.

第 39 页：Cicero, *Ad Att.* XIII, 21, 4; Martial, I, 52, 9; I, 66, 1; X, 100.

第 40 页：Quintilian, *Instutiones, Prooemium ad Marcellum* 7. Galen, Ed. Kuehn, Vol. 17, pp.80, 576, 822; Vol. 19, pp.9, 10, 13, 17, 41, 50; S. Hieronymus, *Epist. ad Pammachium*, Ed. ValJarsi No. 49; Cicero, *Ad Att.* XIII, 12, 2; XV, 13, 1; XIII, 25, 3.

第 41 页：Horace, *Sat.* II, 6; *Vita Virgiliana* Durati, Ed. Hagen, p.735

关于苏拉] Cicero, *Pro Archia*, 25.

关于诗人斯塔提乌斯] Juvenal VII, 82-87.

Martial I, 76; II, 30; V, 13; X, 74, 7; XI, 3, 1-6.

斯塔提乌斯返回故乡西班牙] Plinius, *Ep.* III, 21.

第 42 页：声名是诗人的唯一回报] Glory the only reward of the
poet] Juvenal VII, 23 and 36; Tacitus, *Orator* IX.

Sueton., *De Gramm. et rhet.* VIII.

Plinius, *Epist.* III, 5, 17.

Martial XII, 46.

第 43 页：Cicero, *Ad Att.* XII, 6, 3; XIII, 13, 1.

出版商塞昆都斯] Martial 1, 2, 5.

出版商阿特莱克图斯] Martial I, 117, 13.

作为贺礼的图书] Martial XIV, 183 *sq.*

课本的作家] Horace, *Epist.* II, 1, 69; Plinius, *Epist.* II, 14, 2;
Quintilian, *Inst.* I, 8, 5; Juvenal VII, 227; Sueton., *De greamm. et
rhet.* 16; Macrobius, *Sat.* I, 24, 5.

第 44 页：仿冒品] Martial I, 53 and X, 100; Quintilian, *Inst.*
VIII, 2, 24; Gellius VII, 2, 24.

奥古斯都] Sueton. *Augustus* 31.

提比略] SUETON., *Tiberius* 61; TACITUS, *Annal.* IV, 34; VI, 39;
XIV, 50.

第 45 页：图密善] Sueton., *Domitian* 10; Tacitus, *Agricola* 2.

第 46 页：Pollux, *Onomastikon* IX, 47.

芝诺] Diog. Laert. VII, *Zeno*, 3.

亚历山大大帝] Plutarch, *Alexander* 8.

书的借贷付费] Diog. Laert. III, *Plato* 39.

第 47 页：书店] Catull., 14 and 55; Cicero, *Phil.* II, 9, 21; Horace, *Epist.* I, 20, 1.

出版商塞昆都斯] Martial I, 2, 7.

出版商阿特莱克图斯] Martial I, 117, 10.

其他书贩] Gellius XVIII, 4, 1; Galen., Ed. Kuehn, XIX, 9; Gellius II, 3, 5.

广告，等等] Horace, *Serm.* I, 4, 71; *Ars poetica* 373; Gellius V, 4, 1; Martial I, 117, 10-17; Stat., *Silvae* IV, 9, 11.

第 48 页：Gellius XVIII, 5, 11.

旧书贩（Bouquinistes）] Gellius IX, 4, 1.

Horace, *Epist.* I, 20, 13.

Plinius, *Epist.* IX, 11, 2. Sid. Apoll., *Epist.* IX, 7, 1.

旧书业里书贩的坏例子] Dio Chrysost., Or. XXI, 12 (Ed. Budé,

Vol. II, p.337).

Sulpicius Severus, *Dial.* I, 23, 4, (Ed. Carl Halm, p.176).

第 50 页：波利克拉特斯与庇西特拉图] Gellius VII, 17, 1; Athenaeus 1, 4 (Ed. Kaibel, Vol. I, p.5).

Euripides] Athenaeus I, 4; Aristophanes, *Frogs*, 1447 *sq.*

亚里士多德] Strabo XIII, 1, 54; Gellius III, 17, 3; *Athenaeus*, I, 4.

第 51 页：Pausanias, *Attica* I, 18, 9.

第 52 页：亚历山大图书馆] Strabo XIII, 1, 54 and XVII, 1, 8; Plutarch, *Marc. Anton.* 58; Seneca, d*e tranq. animi* IX, 5; Dio Cassius XXXXII, 38; Gellius VII, 17, 3; Ammianus Marcellinus XXII, 16, 12 and 13.

第 53 页：帕伽马图书馆] Plinius, *Nat. Hist.* XIII, 70; Strabo XIII, 4, 2.

第 54 页：埃俄米利乌斯·保罗斯] Plutarch, *Aem. Paull.* 28.

苏拉]Plutarch, *Sulla* 26; Cicero, *Ad Att,* IV, 10, 1; Strabo XIII, 4, 2; Sallust, *Jug.*, 95, 3.

卢库卢斯] PLUTARCH, *Lucullus* 42; ISODORUS, *Ethym.* VI, 5, 1.

西塞罗]*Ad Att.* I, 4, 3; I, 7; I, 10, 4; II, 4, 1; II, 6, 1; IV, 4a, 1; IV, 8, 2; V, 3.

私人别墅的藏书] PLINIUS, *Epist.* III, 7.

恺撒] SUETON., *Caesar* 44.

第 55 页：阿西尼乌斯·波利奥] PLINIUS, *Nat. Hist.* VII, 115; XXXV, 10; XXXVI, 23 *sq.*; ISIDORUS, *Ethym.* VI, 5, 2.

帕拉蒂尼图书馆（*Bibliotheca Palatina*）] HORACE, *Ep.* 1, 3, 17 and *Scholia*; PLINIUS, *Nat. Hist.* VII, 210; FRONTO, *Ep.* IV, 5; SUETON., *Augustus,* 29; DIO CASSIUS 53, 1, 3; TACITUS, *Annales* II, 37 and 38; AMM. MARCELL., XXIII, 3, 3.

屋大维亚柱廊（*Porticus Octaviae*）] PLUTARCH, *Marcellus* 30; SUETON., *De gramm. et rhet.* 21; DIO CASSIUS 49, 43, 66, 24.

提比略] SUETON., *Tib.* 74; PLINIUS, *Nat. Hist.* XXXIV, 43; MARTIAL XII, 3, 7.

乌尔比亚图书馆（*Bibliotheca Ulpia*）] DIO CASS. 58, 16; *Hist. Aug.*, *Vita Aurelian.* I, 8, 24; VOPISCUS, *Vita Probi* 2, 1; SIDON. APOLL., *Ep.* IX, 25; *Carmen* 8, 8; GELLIUS XI, 17, 1.

第 56 页：PLINIUS, *Epist.* I, 8, 2. GELLIUS XIX, 5, 4; XVIII, 9, 5.

雕塑装饰] SUETON., *Tib.* 70 and *Caling.* 34; PLIN., *Nat. Hist.* XXXV, 9.

古代阅览室] RODOLFO, LANCIANI, *Ancient Rome*, p.195.

第 57 页：乡村别墅的私人图书馆] SENECA, *De tranq. animi* IX, 7; PLINIUS, *Epist.* III, 7, 8; MARTIAL VII, 17.

图书势利者] HORACE, *Odes* I, 29, 13; PETRON. 48, 4; JUVENAL II, 4, *sq.*; SENECA, *De tranq. an.* IX, 4, 7 and *Epist.* 27, 6; LUCIAN, *Adv. indoct.* 4, 17, 18 , 20, 28; CICERO, *Ad fam.* XIII, 77, 3.

奢华图书馆] SENECA, *De tranq. an.* IX, 6; PLINIUS, *Nat. Hist.* XXXV, 4, 9; MARTIAL, IX; Introduction. Toranius.

索引

《阿根提抄本》 *Codex Argenteus*，41，46

阿基利图大道 Argiletum，95

阿勒克西斯 Alexis，49，57

阿里斯托芬 Aristophanes，49，51，55，57，58，101

阿米阿努斯·马尔切利努斯 Ammianus Marcellinus，106

阿那克萨哥拉 Anaxagoras，49，57，97

阿特莱克图斯 Atrectus，78，95

雅典纳修斯 Athenaeus，49，54

阿提库斯 Atticus，64，65，67，69，72，73，74，78，83，86，
　109

埃庇卡摩斯 Epicharmus，49

埃斯库罗斯 Aeschylus，45，51，55，57，92

埃斯奎利诺山（地名） Esquiline，95

安东尼 Mark Antony，88，106，117，119

安泰乌斯 Antaeus，65

安提乌姆（地名）Antium，109

昂温，斯坦利爵士，法学博士 Sir Stanley Unwin LL.D.，1

奥德法泽，查尔斯·亨利 Charles Henry Oldfather，54

《奥德赛》 *Odyssey*，54，96，106，121

奥维德 Ovid，67，79

巴克基利得斯 Bacchylides，36，46，55

柏拉图 Plato，12，27，30，49，51，52，55，57，58，73，88

保罗斯，埃俄米利乌斯 Aemilius Paullus，106，117

保萨尼阿斯 Pausanias，103，117

本尼狄克 Benedict，96

比德，可敬的 The Venerable Bede，96，98

毕达哥拉斯 Pythagoras，52，55，58

庇西特拉图 Pisistratus，101，116

《变形记》 *Metamorphoses*，79

波利奥，阿西尼乌斯 Asinius Pollio，109，119

波利克拉特斯 Polycrates，101，116

波吕克斯 Pollux，92，97

波塞迪普斯 Poseidippus，39，46

《长征记》 *Anabasis*，49

达尔马提亚 Dalmatia，109

大英博物馆 British Museum，28，36，41

戴克里先 Diocletian，62，83

德拉克马（币名）drachma，49

德·平纳，路易斯 Louis A. de Pinna，3

狄奥尼修斯，哈利卡纳苏斯的 Dionysius of Halicarnassos，51，57

狄摩西尼 Demosthenes，54，55，59

迪纳里厄斯（币名）denarius/denarii，51，58，62，64，72，95

第欧根尼·拉尔修 Diogenes Laertius，52，58，92

《蒂迈欧篇》 *Timaeus*，52

蒂沃利（地名）Tivoli，112

多菲内（地名）Dauphiné，67，84

俄耳甫斯 Orpheus，49

《法尔萨利亚》 *Pharsalia*，79，88

法纳西斯 Pharnaces，65，84

菲尔穆斯 Firmus，31，43，45

菲洛劳斯 Philolaus，52，58

《斐多篇》 *Phaedo*，51

风神（埃俄罗斯）Aeolus，103

弗罗因德，弗雷迪 Freddy Freund，3

福斯图斯 Faustus，109

盖伦 Galen，40，46，74

葛琉斯 Gellius，51，58，83，84，95，98，106，112，116，117，119，121

格罗塔费拉塔（地名） Grottaferrata，33

古罗马广场 Forum，95，97

果神（维特努斯） Vertumnus，92

哈德良 Hadrian，103，117

和平殿 Templum Pacis，95，97，119

荷马 Homer，41，49，54，79，88，106

贺拉斯 Horace，27，30，33，62，65，67，69，71，75，79，92，95，97

赫尔墨多鲁斯 Hermodorus，73

赫库兰尼姆（地名） Herculaneum，28，30，34，36，55，65，114

赫拉克勒斯 Hercules，49

赫西俄德 Hesiod，49，55

《回忆苏格拉底》 *Memories of Socrates*，49

吉本 Gibbon，106，117

继业者诸王朝 Dynasties of the Diadochs，103，117

加卢斯 Gallus，78

君士坦丁 Constantine，112

卡利马库斯 Callimachus，33，45，116

卡利努斯 Callinus，72

卡皮托利尼山（地名）Capitol，95

卡斯托尔 Castor，95，112

卡图卢斯 Catullus，33，79，92

卡西奥多鲁斯 Cassiodorus，112

恺撒，尤利乌斯 Julius Caesar，30，74，84，88，109

康茂德 Commodus，109，119

科里洛斯 Choemilus，49，57

科莫（地名）Como，112

科斯马斯和达米安，圣 S. Cosmas and Damian，95

克拉提诺斯 Cratinus，51，58

克娄巴特拉 Cleopatra，30，106，117

库迈（地名）Cumae，109

昆体良 Quintilian，71，73，84，86

劳伦蒂安图书馆 Laurentiana，41

《礼辞》 *Xenia*，71，72

李维 Livy，30，79

利巴尼奥斯 Libanius，96，98

利伽里乌 Ligarius，65，69，74，84

利诺斯 Linos，49

琉善 Lucian，33，45，72，114

卢坎 Lucan，79，88

卢库卢斯 Lucullus，74，87，106，109，117

卢佩库斯 Lupercus，78

《论至善与至恶》 *De Finibus*，64

马可·奥勒留 Marcus Aurelius，74，119，121

马克西米努斯 Maximinus，41，46

马塞卢斯剧院 Theatre of Marcellus，112

马提雅尔 Martial，27，40，58，67，69，71，72，73，75，78，
79，95

梅塞纳斯 Maecenas，75，87

门神（雅努斯）Janus，92

米纳（币名）mina/minae，52

米南德 Menander，30，55，59，79

《铭辞集》 *Epigrams*，71，72，73，78

内波斯，科内利乌斯 Cornelius Nepos，69，86

牛津阿什莫尔博物馆 Ashmolean Museum in Oxford，3，30

牛津大学博德利图书馆 Bodleian Library in Oxford，28

诺伊马根浮雕 Neumagen-Relief，38

欧波利斯 Eupolis，51

欧几里得 Euclid，36

欧里庇得斯 Euripides，30，45，51，55，57，58，92，101，116

欧迈尼斯二世 Eumenes II，39

奥玛尔 Omar，106，117

欧默尔普斯 Eumolpus，67

帕伽马（地名）Pergamon，39，40，46，106

帕拉蒂尼山（地名）Palatine，109，119

庞庇里乌斯·安德罗尼库斯 Pompilius Andronicus，78，87

庞贝（地名）Pompeii，28，39

佩特罗尼乌斯 Petronius，67，86，114，121

皮索内斯（别墅名）Pisones，28

品达 Pindar，30，55

老普林尼 Pliny the Elder，31，34，36，39，40，42，46，65，88

小普林尼 Pliny the Younger，65，75，78，88，96，112

普罗佩提乌斯 Propertius，67，79，84，86

《骑士》 *Knights*，51，58

《前柏拉图学园》 *Academica Priora*，78，88

《萨蒂利孔》 *Satyricon*，67，86，121

萨尔维乌斯 Salvius，65，84

萨福 Sappho，30，55

萨拉米德苏斯（地名）Salmydissus，49

萨卢斯特 Sallust，74，79，87，121

萨摩斯 Samos，57，101，116

塞昆都斯（出版商）Secundus，78，95

塞昆都斯（修辞学家）Secundus Carnnas，88

塞拉皮斯 Serapis，103，106

塞涅卡 Seneca，62，114

塞斯特斯（币名）sesterce，58，62，71，72，78，88

色诺芬 Xenophon，27，30，49，55，97

《申辩篇》 Apology，49

《圣马丁传》 Vita S. Martini，96，98

圣马利亚古教堂 The Church of S. Maria Antiqua，112

圣希罗尼穆斯 Saint Hieronymus，74，87

《诗艺》 Ars Poetica，67，84

斯珀西波斯 Speusippus，101，116

斯塔提乌斯 Statius，75，87

斯特拉波 Strabo，52，58

苏埃托尼乌斯 Suetonius，78，81，87，88

苏尔皮西乌斯·塞维卢斯 Sulpicius Severus，96，98

苏格拉底 Socrates，48，49，57，97

苏拉 Sulla，74，75，87，106，109

索福克勒斯 Sophocles，45，55，92

索修斯兄弟 Sosii brothers，67，71，86，92

塔兰特（币名）Talent，101

塔西佗 Tacitus，75，81，89

泰伯图尼斯（地名）Tebtunis，31，43

《泰伊斯》Thais，79

忒奥克里托斯 Theocritus，55，59

《忒拜战纪》Thebais，75，87

特里丰 Tryphon，69，71，78

提比略 Tiberius，81，88

提布卢斯 Tibullus，79，88

提蒙 Timon，51，58

提图斯 Titus，112，119

图拉真 Trajan，112，119

图密善 Domitian，81，89

图斯库鲁姆（地名）Tusculum，109

托勒密 Ptolemy，28，30，103，117

托勒密五世 Ptolemy Epiphanes，39

《蛙》Frogs，49，51，57

瓦伦提尼安 Valentinian，41，46

瓦罗 Varro，36，39，46，65，69

《为利伽里乌辩护》Defence of Ligarius，69，84

韦穆 Wearmouth，96

韦斯巴芗 Vespasian，95，97，119

维埃纳（地名）Vienne，67，84

维吉尔 Vergil，36，75，79，83，84，86，87，88，121

维苏威火山（地名）Mt. Vesuvius，28

乌尔比安 Ulpian，40，46

乌尔比亚图书馆 Biblioteca Ulpia，112

屋大维娅柱廊 Portico of Octavia，109，112

西多尼乌斯·阿波利纳里斯 Sidonius Apollinaris，96，98

西塞罗 Cicero，27，30，64，65，69，73，74，78，79，83，84，
    86，88，92，109，119，121

《希腊化——罗马时期埃及的希腊语文本》*The Greek Literary*
    Texts from Greco-Roma Egypt，54

希罗多德 Herodotus，55

锡拉库斯（地名）Syracuse，61

《雄辩术》*Rhetoric*，71，86

修昔底德 Thucydides，55

亚克兴角（地名）Actium，109，119

亚里士多德 Aristotle，27，30，51，55，57，58，101，103，116，
    121

亚历山大（地名）Alexandria，30，43，45，46，52，86，103，

106，117

《伊利亚特》 *Iliad*，34，54，106

伊索克拉底 Isocrates，55

伊西多尔 Isidore，114，121

以弗所（地名） Ephesus，104

尤维纳利斯 Juvenal，33，45，72，75

《云》 *Clouds*，51，58

芝诺 Zeno，92，97

《自然史》 *Natural History*，31，42

图书在版编目（CIP）数据

古典时期的图书世界 ／（荷）皮纳著；康慨译.
杭州：浙江大学出版社，2011.6
ISBN 978-7-308-08695-0

Ⅰ.①古… Ⅱ.①皮…②康…Ⅲ.①图书史－西方
国家－古代 Ⅳ.①G256.1

中国版本图书馆 CIP 数据核字（2011）第 090556 号

古典时期的图书世界
（荷）皮纳 著　康慨 译

策　　划	周　运
责任编辑	王志毅
装帧设计	罗　洪
出版发行	浙江大学出版社
	（杭州天目山路 148 号　邮政编码 310007）
	（网址：http://www.zjupress.com）
制　　作	北京百川东汇文化传播有限公司
印　　刷	北京中科印刷有限公司
开　　本	850mm×1168mm　1/32
印　　张	5
字　　数	80千
版印次	2011年8月第1版　2017年12月第2次印刷
书　　号	ISBN 978-7-308-08695-0
定　　价	27.00元

The World of Books in Classical Antiquity

Published by A. W. Sijthoff, 1985